大学生提前就业全攻略

HOW TO MANAGE YOUR COLLEGE

如何管理你的大学

学习、求职、处世是大学生人生三重奏

王兴权 著

语文出版社

·北京·

图书在版编目（CIP）数据

如何管理你的大学/王兴权著. —北京：语文出版社，2011

ISBN 978-7-80184-868-0

Ⅰ. ①如… Ⅱ. ①王… Ⅲ. ①大学生—学生生活 Ⅳ. ①G645.5

中国版本图书馆 CIP 数据核字（2011）第 115796 号

RUHE GUANLI NI DE DAXUE

如何管理你的大学

王兴权 著

*

语 文 出 版 社 出 版

100010 北京朝阳门南小街 51 号

E-mail：ywcbsywp@163. com

新华书店经销 北京市联华印刷厂印刷

*

787 毫米×1092 毫米 异 16 开本 16.25 印张 225 千字

2011 年 11 月第 1 版 2011 年 11 月第 1 次印刷

印数：1-5，000 定价：28.00 元

目录 Contents

前 言

大学，梦想起飞的地方

“辛辛苦苦高中三年，考上了大学，可是上了大学才发现，学习的人少之又少。在我们的心里，无非就是玩儿，找女朋友，喝酒，抽烟，上网……于是我很郁闷，当初我那样拼命考上大学是为了什么？”

“大家好，我是一名大二学生，怀着激动的心情来到了大学。但到了这里，一切都不一样了，和我想的大学生活相差甚远。我每天都在虚度光阴，感觉很无助，整天无所事事，也许是被拘束惯了，突然的解脱，如此的自由，让我不知所措！请大家给些意见！”

“有一天和寝室同学聊天，说起了大学这几年的收获，大家都有些茫然，这几年的时间里什么收获都没有，什么都没有学过，不知道自己所谓的进步是什么，不知道自己上大学到底是为了什么。我们当初的努力好像就这样消灭了，我们的方向在哪里，我们不知道为了什么上学，为了什么学这个专业，这个专业毕业时到底能够干什么，我们都不知道。”

这是笔者博客中部分学生的提问和求助，其中不但有刚入学的大一新生的疑问，还有大二、大三同学的困惑，他们的追问共同指向了“为什么上大学”和“大学怎么过”。

我们在不知道什么是大学的时候就已经上了大学，在不知道专业是什么的时候就已经选择了专业，在不知道什么是工作的时候就开始找工作。但往往在了解时又开始选择逃离，正所谓“因为不了解而选择，因为了解而放弃。”

在求学初期，我们总是在“拔苗助长”提前一步填充自己，但到了大学，却近乎“不管不问”任其自由成长，熟悉了“被目标”“被安排”的成长历程，恍然间自主自由了，但是我们明显的在没准备好、甚至在没有准备的情况下开始独立思考、独立选择、独立决策了，当我们一直追求的自由和自主突然在大学里全面实现时，我们却六神无主、不知所措了。

也许你像上面几位学生一样盲目地上了大学，但当你真正进入大学学习，要为自己的未来抉择的时候，你对于上大学的意义了解多少？像他们一样只为拿一纸文凭，或者让自己安身立命，经济独立，找一份好的工作，为了锻炼能力，为了建立关系网，为了培养自己的兴趣和爱好，为了摆脱家长的束缚，为了追求美好的未来……

还记得我们童年时的梦想吗？那时我们说要当科学家，要当医生……可随着年龄的增长，我们变得越来越现实了，我们再也不会和小狗对话，再也不会梦想着改变世界，再也不会说要帮助更多的人，我们的愿望就随着我们的饭、随着我们的觉一去不复返了，现在我们彻底沦为了物欲的奴隶，考虑的只是毕业时找到一份好工作、工作时要在三年内工资达到一万，工作十年内要有别墅名车。

70 年代以前的人太梦想，可以为了梦想而不考虑现实的处境；而 80 年代后的人太现实，可以为了现实而放弃心中的梦想！这种现实的心理导致太多的大学生处于“集体无梦想”的状态，他们怕现实变得太快，所以宁可走一步算一步，也不愿做长远的打算，虽然他们掌握了现实，但却摒弃了梦想，摒弃了追求自我的权利！

萧伯纳说，世界在这种人的手里改变：他们有一个很伟大的梦想，当他们在现实中寻找很久也没有发现时，后来他们就索性创造了梦想。

当一对兄弟看到会飞的鸟时，他们也梦想着可以像鸟儿一样自由飞翔，虽然他们模仿尝试了千百次也没有飞上天，后来，也就是在1903年，他们真的飞上了天，他们创造了世界上第一架载人动力飞机——“飞行者1号”，他们就是莱特兄弟。

我们为什么要建立梦想？所谓一个人的一生过得充实，无非就是做自己喜欢做的事，并且从中赚到钱。在职业的选择上就是“选好职业早成家，为国为家为老妈！”是梦想让我们与众不同，是梦想让我们有了实现自我的追求，有了前进的方向与目标！没有梦想的人，精神生活是空虚的！

大学之道，在于建立梦想，并且在大学期间为梦想做最充分最完备的准备！大学学业与梦想就联系起来了，而大学就是自我——梦想开始的地方！大学就是让你完善自己、追求自己、实现自己的时期。没有梦想的人是大学外的人，因为他没有真正理解大学的意义，而他的大学生活也将是可悲的！

梦想在人的表现上有四种状态，一是不知道自己没有梦想，因为他根本就没有考虑过这个问题；二是知道自己没有梦想，在考虑过这个问题后已经意识到了这个问题的严重性；三是不知道自己有梦想，在不断探索的过程中其实他的知识结构、能力结构已经构成了，只是还没有被激发出来；四是知道自己有梦想，这是在探索一定时期后的收获，这时梦想已经建立起来了。

在梦想的建立及实现过程中又会凸现出梦想四种人：一是没梦想没行动，这种人不但没有职业规划的意识，也没有实干的精神；二是没梦想有行动，这种人信奉“计划没有变化快”，走一步算一步，所以他们用实践打拼未来；三是有梦想没行动，整天活在梦里的人，是颓废的代表；四是有梦想有行动，想不成功都不行，因为老天怎么会辜负这种人呢？

我们可以不靠梦想而活着，因为在一段时期内梦想是不能解决我们温饱问题的；但我们也要为梦想而活着，让我们给自己的未来一个交待，至少我们曾经打拼过，失败了也无怨无悔。一天只是为吃饭而生活的人，他的饭就不叫饭而是饲料；为生活而吃饭的人，他的饭叫养料！你的饭是什么呢？

没有梦想，我们还剩下什么？没有梦想，我们还为了什么？难道，人仅仅是为了来到这个世界？仅仅是为了来过？除了记忆难道就不要给这个世界留下些什么？修身齐家治国平天下，三十而立，都是对谁说的？三十岁时我们又要立些什么呢？是立德？立业？还是立说？我们离而立还有几年呢？可是现在我们有要努力的方向吗？有我们要为此奋斗的梦想吗？如果没有，那我们又实现什么呢？

大学四年时间，甚至再加上研究生三年，如果不从现在开始定一个梦想，那你的大学很可能在盲目中流失，导致最后什么都没有。比如你可以确定勤工俭学，目标攒够一万元钱；可以是毕业时去外企工作等等之类的目标。其实，至于什么梦想不重要，重要的是你要有一个梦想，人最可怕的就是没有梦想。衡量你大学抑或人生成功与否，就是你当初许下的梦想实现了多少。

其实，上大学的主体是你自己，这正如你对快乐的定义一样，因为这是你的人生、你的大学，无论好坏，最后的承受者都是你自己。

定义的人生才有意义，定义的大学才是上大学，你说大学里有什么，大学就有什么；你说大学给你什么，大学毕业后你就收获什么。

大学未上，定义由你；大学已上，意义由你。大学已完，评价由你；大学未完，改变由你！

如果你自认为你还残存着一点理想主义，那么请携带你的梦想起航！最后送各位读者一句话："宁可因梦想而忙碌，不可因忙碌而失去梦想。人因梦想而伟大，我因梦想而不同！"

王兴权

第一章

大学何用，你要学什么

◇大一时你认为大学是什么样的，毕业时大学就是什么样的。

◇大学四年你可以不学自己不喜欢的东西，但你一定要一直学习喜欢的东西，否则你真的就荒废了大学！

◇大学可以改变人生，同样地，大学也可以毁掉人生！

◇大学四年专注于一个领域，黄土都可以变成黄金！

◇大学未上，定义由你；大学已上，意义由你。大学已完，评价由你；大学未完，改变由你！

大学教育的六大作用

曾在网上看到一则新闻，一位女大学生不会缝扣子，于是把求助信息发到论坛，期望得到网友的指点。笔者甚是感慨，同时也在思考：大学教育对一个人的成长到底具有哪些作用？根据自己多年从事职业规划的经验，笔者总结了六个方面：

一是生活化，让学生成为合格的自然人，这是自然人和自然界之间的关系；

二是社会化，让学生能够友好地协调与社会人之间的关系，这是社会人和社会人、社会团体之间的关系；

三是校园化，让学生像个学生并且能够处理好校园各种关系，这是校园人和校园人、校园团体之间的关系；

四是职业化，让学生成为合格的职场人，这是职场人和职场人之间的关系；

五是企业化，让学生能够做个合格的企业人，这是职场人和企业团体之间的关系；

六是个性化，让学生能够做心中的自己，这是现实自我与期望自我之间的关系。

当前教育对个人成长的作用主要体现在校园化和个性化上，这导致了大学生失去了作为自然人的生存能力和社会人的社会责任，失去了实现个性化的基础和保障——职业化和企业化。

因此，就出现了这种现象：许多大学生离开父母难以生活自理；在待人接物时不懂礼貌谦让；等到毕业才开始关注职业和工作，导致毕业时不得不为生存而屈就于一份自己能干的工作，从而直接引发毕业三年内频频换工作的结果。这些最终导致社会对大学生的评价和认可大打折扣。

其实，国内外没有一种理论和实践告诉我们，忽略了对学生的生活化、社会化、职业化和企业化的教育，就可以让学生做一个合格的学生和实现理想的自己，就可以成为高级专门人才，就可以实现功名显赫的个性自我。

恰恰相反，接受了生活化和社会化教育的学生更受企业的欢迎，尤其是在进一步地实施职业化和企业化的学生更是被企业热烈追捧。台湾忠信工商技术学校对学生首先进行生活化和社会化的教育，让学生自己打理校园的一切生活，所有的工作都是由学生自己来做，实行学长负责制，这看似放任学生的管理，但忠信的学生是最受台湾企业欢迎的，很多企业在招聘时甚至写着“只招忠信学生”；北京的新东方英语培训学校在培训英语的同时用幽默的方式给学生熏陶社会化的知识，这也大受学生的欢迎；正是由于美国的西点军校对学员进行了职业化和企业化的经管知识教育，其学员是在美国政界、军界、工商界更是如虎添翼、叱咤风云。

▶生活化教育，为了更好地生存

生活化教育就是要传授给学生生活常识，包括衣食住行、防病抗灾、生命教育等常识，使学生在日后独自生存时能活下来，这也是成为合格高级动物——自然人的一个衡量标准。生活化教育是协调自然人和自然界之间关系的教育，要让学生顺应自然、尊重自然、保护自然，使自然界能够更好地为人类提供可持续的资源服务。生活化教育的目标是让学生能够成功地活下来。成活是衡量生活化教育成功与否的核心指标。生活化教育的规则是适应和可持续利用，因为人类在自然界的作用真的是太渺小了。

在生活化教育上，家长的责任最大。但是，学校的作用也不容忽视。其实，学校的生活化教育早应该从幼儿园开始，直到初中毕业，从怎样做饭，怎样识别天气，怎样做家务等教起，如此，近十年的基础生活教育就足以让学生具备自立生存的能力，之后的生活就可以自主安排了。现实中,生活化教育很少。所以,也就有女大学生发帖求救怎样缝扣子的新闻。作为大学生,如果没有前期的生活化教育,同样可以在大学开始自己的生活化之旅,合理安排自己的大学生活,做自己能做的一切事情,不会做,学着做,重要的是尝试。

▶社会化教育，做合格的社会公民

社会化教育就是传授给学生社会常识,包括怎样与他人打交道,怎样尊老爱幼,怎样防骗自保,如何处事交际,如何协调自己与他人、自己与团体间的关系和利益等,使学生日后能够成为一个有利于社会发展的合格的社会成员。社会化是协调处理社会人和社会人之间的关系,这其中包括你与他人,你与团体之间的关系。

为什么社会化教育要先于校园化教育呢？因为学生首先是生活于这个社会中的,其次才是生活在校园里的。作为生活在最广大社会里的人来说,首先是成人,然后才是成才。成人就是从自然人的“我向思维”转到“共向思维”的社会人的过程。成人(社会人)是衡量社会化教育成功与否的核心指标。社会化教育的规则是礼仪和道德。礼仪是个体与个体间的行为准则;道德是个体和团体间的行为准则。礼仪讲究的是给他人以方便和尊重;道德讲究的是给团体以权益和自重。

▶校园化教育，学生就是学生

校园化教育就是传授给学生角色常识,包括怎样与老师同学交流,怎样对待家庭朋友,怎样对待其他社会人,怎样当一个合格的大学生。

其实校园化教育的主要核心就是让学生像一个学生,让学生成为一个学生,回归角色本位。在中国的校园里,大家会发现这样的现象,学生不像学生,老师不像老师。其实社会大众、国家等对学生和老师这些角色都有着或明确或潜移默化的要求,可是当落实到具体的学生或老师时,他们对自己的角色的理解就发生了偏差。比如说,一个大学女生如果化很浓的妆,给大家的印象就不是学生或不是好学生,可是化妆有错吗？没错，错就错在彼此各方对学生这个角色的理解不同。

正是因为各自对角色理解的偏差，所以学校就要统合大众标准来对学生、老师，进行校园化教育，否则这种角色错位将持续影响人的成长与下一步的发展。校园化教育的内容也很简单，主要有：对学生和老师的角色教育（成为合格学生、老师而非优秀），学生与学生、老师与老师、学生与老师等角色间互动教育，学生自身发展教育（学习、活动等校园发展的教育），学生和班级、院系、学校、城市、社会等团体互动、冲突处理的教育。

▶职业化教育，“专业”的职场人

现在谈职业规划的人很多，这表示大家已经开始关注职业化。职业化教育就是对大学生进行职业世界及其职业生涯发展等的教育，其主旨是让大学生找到天职，让其成为合格的职场人，让其在工作上能够成事。

天职是职业化教育的核心，在了解、定位自身和了解职业世界的情况下，确定适合自己的职业。因为每个人都是独特的，而每个职业也都是个性的。那么人与职业匹配就有了可能。可是现在的情况却是，大学生对自己和职业两个世界的了解近乎为零，他们不知道自己喜欢什么，也不知道自己不喜欢什么，不知道自己能做什么，也不知道自己不能做什么。

职业化教育的内容主要有：职业世界常识、职业自我常识、职业发展知识、求职择业技巧、职场发展知识、职业能力、职业转换、职业生涯开发与管理等。职业是人生存、发展的基础，所以大力普及推进职业化教育也是学校的一个不可推卸的责任。因为没有职业的稳定和发展，是无从谈人的发展和成功的。让工作的人像工作的人，让工作的人是工作的人等职业角色教育与体验也是职业化教育的另一个核心，包括如何完成工作、处理人际关系，培养一定的思维方式和工作方式是职业化的关键。

►企业化教育，溶入组织血液的员工

企业化教育是指大学生从进入组织工作之后要进行的独特的企业教育。职业化教育针对的是个人在职场、职业生涯发展的教育，而企业化教育仅是针对个人在某个具体企业、组织里的发展策略。企业化教育的目标是让职场人成为合格的企业员工，让自己取得与组织共同发展的成功。

为什么要单独对大学生进行企业化教育呢？企业是雇主，企业是大学生实现个人职业发展、职业生涯发展的平台，所以了解如何和企业打交道，如何在企业里发展也是一门必修课。

企业化教育的关键在于了解企业文化、企业的老板、企业的权力分配，还有直接上司、工作方式等，详细了解企业，是有效管理自己在企业中发展的基础。个人毕竟要在企业中发展一段时间，如何最大化利用企业以促进个人的职业生涯发展是我们的根本追求。当然其中还要注意协调平衡与企业的共同发展、先后发展、错位发展等，有效管理企业是促进个人职业发展的有力方式，所以对不同的企业类型、企业进行研究也是必要的。

►个性化教育，追逐梦想的执着者

个性化教育是指让每个人都能够成为自己的一种教育。每个人都是一个世界，让每个人找到自己的世界，在自己的世界发展，成为内心中的理想角色，就是最大的个性教育。简单来说个性化教育就是让自己成为“我”。

但目前的现状是，中国的每个家长都希望自己的孩子成为最优秀的人，而大大地忽略了孩子的个性。而学校呢，又全面推行全面发展，导致更多学生全面平庸，或导致其补了短处丢了长处，也达不到个性化。可学生自己呢，他们有成为自己的强大追求和动力，但努力的方向又偏了，一味地在服饰、打扮上出奇出新，其内在还是大众的、平庸的。

个性化的自己，应该是内在的独特性，就是让自己在兴趣、特长的引导下，让自己长的更长、优的更优，这样他就个性了，从而也就专业了。

个性化教育，处理的是自己和自己的关系，其内容有：认识自己、开发自己、管理自己、培养自己、坚持做自己等。兴趣和梦想是衡量个性的关键，梦想不同，人的世界就不同，如果能坚持自己的梦想，其实已经就是坚持做自己了。

纵观“六化”教育，其核心观点就是角色教育：是什么人就要像什么人，做什么人就要做好什么人。生活化教育要你做的是能够独立生存的自然人；社会化教育要你做的是能够在群体社会中发展的社会成员；校园化教育让你做的是合格的学生；职业化教育让你做的是合格的职场人；企业化教育让你做的是合乎企业发展和要求的企业员工；个性化教育让你做的是合乎自己内心梦想的人。

成长离不开的十二个老师

每个人的成长都不是一帆风顺的，大学生也不例外。在挫折面前，大学生如何更好地面对？能够影响和帮助大学生成长的因素又有什么？大学生有四类十二个老师可以求助，分别是人、事、物和自己，每个老师都可以给大学生一些帮助，重要的是要先知道都有哪些老师可以去求教。

人：三人行必有我师，一些人是可以成为你的老师的，是可以支持你成长的。

母亲

母亲的教诲是影响你一生的，她是你的第一个启蒙老师，教给你的那些大道理、小故事都是可以影响你的。你要做的就是整理回忆，整理母亲的语录，然后对照自己并指引自己。当然，还有父亲、长辈的教诲，这些亲人对你都是有影响的，善于反思的人对此是不会不屑一顾的，虽然时代在变化，但道理还是通用的。

老师

这里的老师专指学校里的老师。幼儿园的老师、初中的老师、大学的老师、补课的老师等都能给你一定的指引。尤其是幼儿园的老师交给我们的那些基本做人做事的道理，至今都是受益的。因为中国的学历教育除了幼儿园之外，其他的真正告诉你怎样做人做事的道理是很少的，一般都是知识教育。老师的作用是一时的，但却是即时的，如果你还在读大学，那么有问题了千万别忘了去问学校里的老师，因为你交了学费。

贵人

贵人是可遇不可求的，是偶然的，说不上谁是你的贵人，他会在何时出现。大学生的贵人可能是赏识你的老师、关心你的朋友、督促你的亲人，还有可能是一个陌生人。贵人对你的最大影响就是在你人生的重大选择、行动时给予的重大支持，可能是一句话，可能是鼎力相助。多做善事的人是最容易遇到贵人的。人生如果能遇到七个贵人，那对你人生的改变将是巨大的。过好你的当下，真诚地做人，多做好事，你的贵人一定会很快出现。

长你四年经历的人

在中国这个环境下，大多数人的成长路径是大同小异的，这就为经验的学习和经历的复制提供了可能性。现在的大一学生可以多请教刚毕业一年的人，他的经历经验定会让你少走很多弯路，因为他刚刚走过的路你正在走。当然多找和自己背景相似的人对自己的成长更有可比性和操作性。因为人是角色的动物，你的下一步角色相对是固定的，多问问已经是那个角色的人是十分必要的。

与你有同类问题的人

同辈群体的交流、同类问题的分析是谋求解决问题的一种好方式。在与众多和你有同类问题的人交流中，你们可以彼此了解各自的具体问题，局外人在了解你基本情况下是容易作出较科学的建议的，这也为自己解决问题提供了可能。当然，在这个过程中，你更容易认识一些志同道合的朋友。

影响你解决问题的人

当你明确你的问题时，就可以找到影响你解决问题的人，这些人可能是支持你或阻碍你解决问题的人，总之是对你解决问题有影响的，无论是正面还是负面的人。这些人可能是问题的制造者，可能是利益相关者，可能是问题的解决者，所以对解决问题的分析就很关键。如你要找实习工作，那么谁是影响你找实习工作的人呢？企业的HR（人力资源）、部门经理是直接的，企业的领导、员工是间接的，你的老师、朋友也可能是影响你解决问题的人，所以你就要量化、明确分析自己的境况和问题的差距，这样才容易找到对你影响最直接、最核心的人。

事：你所做的具体事情、所处的外在环境也是你的老师，它的支持和打击都是能促进你成长的。

生活

每个人都要生活，都要维持自己的生存，那么生活就会以你为核心形成一个圈子。生活的教育是即时的，因为挫折和鼓励都是马上出现的，重要的是你要有一颗反思的心。大学生的生活全部可能是家庭、学校及在这两个场合所形成的各种关系。一次寝室的吵架、一次同学的聚会、一次学校的活动都是你的生活，对这些事情的处理及总结就是对生活的学习。生活教给你什么、教会你什么，都要看你在生活中做了什么，学了什么，反思了什么。

工作

跟大学生说工作是一个将来的话题，但这个工作可以特指规范的系统的活动、实践、项目等。工作对人的教育是深刻的，因为工作上的一次重大失误或重大成功对自己的影响都是很大的。在这样的责任和压力下，你就学到了很多。人，早晚是要工作的，那么多做工作、早做工作，早点在工作中学习、成长无疑对你的提前规划和准备有好处。强调一点，如果你不做工作或没有把工作做好的意识是很难从工作中学到东西的。

社会

校园是半个社会，社会是半个校园。其实，校园也在社会中，只不过是个半开放的社会。毕竟，有人的地方就是社会，这里专指你走出校园，走进社会，与非老师、学生的人接触。社会实践、实习就是最好的走进社会的方式，在这个真实的环境下，在与形形色色的人打交道中你会学到很多，挫折就是课本，然后社会老师给你讲解，你就是那个学生了。早点进入社会，早点了解社会，对自己毕业时走入社会是有好处的，毕竟大学生的下一步角色就是社会人。

物：以下两个老师是你能触手可得、随时请教的，可以称作你的私人老师，但是很少有人将之当做老师。

网络

网络是最博学的老师。大学生要学会使用网络，遇到任何问题都可以去请教他，然后再制定解决问题的策略。尤其是网络搜索引擎，比如百度、谷歌等，一些常识性的问题就可以通过它们及时解决。于是就有这样的话，知之为知之，不知“百度”之。信息时代，信息搜索能力、信息处理能力、整合资源能力等都是网络这个老师需要你学的基础课。

图书馆

图书馆是大学里最重要的资源，同时也是大学里最公平的资源。但很多大学生对其的使用却是十分少的。如果说你不满意你现在的学校、专业、老师等，那么去图书馆，去请教这个老师吧，它可以是最好的、最全面的辅导老师。看一千本书是对每个大学生的最起码要求，每天请教图书馆两个小时也是必不可少的。了解图书馆（包括你所在城市的一切图书馆），学会使用图书馆，多去请教图书馆，这是大学生的三个基本作业。

自己：无论你求教于哪个老师，但是你千万不能忘了最重要的老师——你自己。

谁会跟随你一生？谁和你形影不离？答案就是自己。其实，每个人都可以成为自己的老师，每个人也都应该成为自己的老师。遇到问题多问问自己：我能怎么办？我可以怎么办？我要怎么办？我想怎么办？我会怎么办？当你对问题的详细分析和竭尽全力解决时，你就在当自己的老师。求人不如求己，让自己主动承担起解决问题的责任，让自己遵循内心的想法，你就会成为自己的主人。

需要学习的十种人

幼儿园的儿童

现在中国的教育总是快一拍。孩子上幼儿园就开始学小学的知识,上小学又会提前看初中的课本,刚上初中就开始着急学高中的知识,有些高中生就已经把大学的微积分学得非常好。

一个悖论就是,上大学了,有些人却连幼儿园里教的最基本的东西都忘了,如"不说假话、不说脏话、不说别人坏话,遵守纪律,不撒谎,犯错了要承认并且道歉",这些看似简单的要求,很多人往往做不到。所以,我们要向幼儿园的儿童学习。学习他们的坦诚,学习他们的微笑、单纯、不记仇、哭泣后会很快复原等等。因此,有空时,不妨多去幼儿园走走,看看那些天真可爱的孩子,你的心也会豁然开朗,你会找到原来心中的自己,许多解不开的烦心事也许就会迎刃而解呢。

垂垂老矣的老人

经历就是一本书。四十岁以上的人,他的经历就会很精彩,更别说六七十岁的老人了。与人交流也是一种学习。虽然,在一定程度上,年轻的你与年老的他有代沟,你懂的他不明白,但他所经历过的你将永远体会不到,因为时代与体制方面的都是"过去就不再"。当然,他们年龄大了,表达可能不清楚,但他们的经验可是有用的,隔行不隔理,我们要学习他们的道理、经验、忠告,这样,我们会少走很多弯路。

大学生要和自己的爷爷奶奶辈的老人交流,先从自己家着手,然后再去和更多的老人交流,去敬老院做义工是一种好方法。老人家坦然、淡然、自然的心态,老人家包容、理解的心态,都是我们要学习的。同时,老人特有的容貌形态正是我们老时的状态,学会理解他们也就是在与自己的未来相处。

生命垂危的病人

“人之将死，其言也善”，人之将死，会看透很多事情，会珍惜很多事情，那么，我们在医院做义工时，尤其是对那些绝症患者的临终关怀，我们就可以从中了解很多，同时也会理解现在、珍惜当下，不时地去医院看看，有利于自己了解自己、珍惜人生。

当然，病人与病魔的斗争中所体现的顽强、自信、乐观，这些都是我们所欠缺的，还有，病人的遗憾——也是我们所要思考的。人生啊，可千万不要在没有时间了，再想去做什么，正如一句所说的“孩子死了，来奶了”，晚了，这也是从“死”的角度来理解、思考“生”。

失去自由的犯人

失去了才知道珍惜，但一切都晚了。当我们还自由时，我们觉得约束过多，而试图一直打破规则，其实，规则往往是对我们的一种保护，因为你若犯规了，就会在一定程度上失去自尊和自由。

现在的大学生时间多得很，没有人管，太自由了，但是一些人却不珍惜这种自由，却在透支或亵渎自由，而不是在完善和充实自己。如果你有大把时间却不知道干什么，那么你就想想监狱中的犯人吧。周润发的《监狱风云》可以给你参考，当然和坐过牢的人交流更胜一筹，参观就更好了。学习犯人什么呢？学习他们的遵守规则——当然背后是严格的惩罚，珍惜每一粒粮食，把握好自由的每一分钟，珍惜所拥有的一切。

因人而异的乞丐

乞丐都是阅人无数的半个心理学家，他们会因人而异，会根据对方的身份而采取不同的乞讨策略，尤其是职业乞丐，这真的是一门学问。学习乞丐的“不要脸”、放低自己的精神，学习他们不要到钱不罢休的坚持精神，学习他们这里不行换那里的随遇而安，学习他们自我安慰的阿Q精神，学习他们知足常乐的人生态度。

精明计划的小偷

虽然偷盗是违法行为，但殊不知一次完整的偷盗行为需要很多环节，要付出很多心机，如猎物的选取，事前的观察踩点、精心的计划，意外事故的应对，作案时的随机应变等，这种精心准备的精神是需要我们反向学习的。当我们有一个理想或目标时，就要像小偷一样研究它，这种精细化的管理实现的几率才更大。

炒作自己的明星

明星都会包装自己，炒作自己，在不同场合会有不同的出场方式，在不同的阶段也会有不同的发展、包装策略。比如说，刘德华就是与时俱进的典型，90 年代长头发，现在短发还染色，让当前的观众感到是同一时代的人，这种针对性的表现策略实在是我辈需要学习的，同时对受众的分析——客户导向也是需要我们学习的。

未雨绸缪的消防员

经常性地检查各个场所的消防设施是否完善，是否有漏洞，经常性地进行消防演习，这种未雨绸缪的精神是需要我辈大学生们学习的。防大于治，医生、保险都是这种职业，我们实在应该为下一步或下几步做好准备，并且不断演习，在了解不足中努力。这样，我们的目标还会达不成吗？

瞻前顾后的司机

司机开车启动时会注意前后左右，上路时会一直注视前方，会高度集中精神，留意随时可能发生的状况，司机这种全局意识和随时调整的心思是值得我们学习的。在我们做事时也要思考一下，这一步对下一步、下几步有什么影响和支持，而不是孤立地为了完成此事而做此事，因为人生是需要积累的，一件事很难让你成功，需要长久的动力。临时情况随时调整，这种修正、微调意识也是很重要的，不改变前行目标，而调整前行的方式、路径，而一些人就可能在改变方式中忘记了当初的目标，这也是我们应该注意的。

全心全意的准妈妈

怀胎十月，准妈妈会有相应的策略准备和充实自己，也会全心全意、尽心尽力地养胎，心中为了孩子，而专注地付出一切，同时也会舍弃自己一些不良嗜好，这种为了目标而专注的精神、准妈妈的不断学习、准妈妈的与人交流取经、投入时的幸福心态、展望中的努力等都是需要我们学习的。

三种解决问题的思维方式

职业生涯关乎人的一生幸福、发展，所以，每个人都要有成为自己的职业顾问的意识和目标，否则，什么问题都去请教、咨询，也不是很现实和方便的，而且也不能及时解决问题。

都说“授之以鱼不如授之以渔”，那么，遇到就业障碍的大学生如何自己解决问题？这里给大家提供三种解决问题的思维方式，掌握了思考问题、分析问题的方式，那么离解决问题就不远了。

►遇到问题先经过大脑：连问五个“为什么”

无论你遇到什么问题，第一时间的第一感觉就是连续问五个“为什么”，当你依照这个思路去做时，你就可以很轻松地找到问题的答案。

例如：你找不到工作，那么可以这样追问自己：

第一问，我为什么找不到工作。答：因为那些企业不要我。

第二问，企业为什么不要我？答：没有工作经验。

第三问，我为什么没有工作经验？答：我上学时没有去做社会实践和工作实习。

第四问，我为什么没有去做实践和工作呢？答：那时不知道实践工作的重要性就没有去做。

第五问，我当时为什么没有意识到实践工作的重要性？答：上学时自己不知道，也没有人告诉我。

总结一下：就可以找到问题产生的原因和解决问题的思路。找不到工作的原因在于没有规划的意识和准备，解决问题的手段就是通过实习、实践增加工作经验。

当然，这只是个例子，具体还是要结合个人的回答的，但是只要追问下去就可以找到原因，而那些追问的过程就是你要弥补的因素。

▶遇到问题再经过百度：搜集10个同类问题

如果你因为不能清晰地回答问题而不能采取上述方式的话，那么你就可以采取第二种方法。第一种是要经过大脑思考的方法，而这第二种就是要经过百度的调研。百度链接了无数问题和答案，有无数的案例和模板供你参考，有无数的分析和思考供你借鉴，有无数的数据和资料供你调研。所以，大学生就业的很多问题只要经过百度的调研和分析是完全可以找到答案的。

当然了，百度是不提供直接的答案的，但是它提供了解决问题的资料和信息，所以当你调研和储备了大量同类问题的资料和案例时，再经过你的大脑思考、加工、整合，就可以找到答案了。千万不要以为上了百度就可以找到现成的答案，那会令你失望的。

大学生遇到就业问题时，要在百度上找到10个（很多时候，你还没有找到10个时，你就找到了解决问题的方法或思路）同类问题的资料，然后详细地整理和思考，那么你也就有了解决问题的思路。这个方法很简单，就看你能不能坚持做。但是，如果你以此办法去做10个问题，那么你的思考能力、智商、分析能力、整理能力、搜集能力等诸多方面都会有很大的提升和改观。最重要的是只要你掌握了一种方法，你就可以掌握、左右自己的发展了。

▶运用“六何”思维模式：六步理清你要做什么

这是一个源于香港的思维模式，笔者将之称为“六何”思维模式。当你遇到问题时，你可以遵循这样的思考方式：

第一步：身在何处，澄清问题。澄清问题，这是对你目前所处状态的定位。很多大学生总是把问题的结果或现象当做问题本身，这是欠思考的表现。如果一个大学生现在找不到实习机会，那么这是否是他遇到的问题呢？不是的，因为这是他目前的状态，不是问题的本质。假设找到实习需要具备五个因素,那么他很可能因为某一因素或几个因素的不具备而导致找不到实习,从而他的问题就归结为了这个因素。假设他的具体因素是没有工作经验的话,那么他的问题是如何增加工作经验,而不是找不到实习。

第二步:因何至此,找到原因。问题澄清了,就好做下一步的分析。接上个问题,他的问题是没有工作经验。那么他没有工作经验的原因是什么呢?可能是他没有去做社会实践和工作实习,可能他没有参加校园活动。这些都是导致他没有工作经验的直接原因。那根本原因是什么呢?很可能是他没有实习的意识和观念。也就是说,问题所产生的原因有直接的和根本的。直接的原因就是因为他没有做什么而导致的结果,而根本的原因就是为什么他没有去做。大学生在找到直接原因时,也要再进一步向内思考、分析,找到问题的症结。

第三步:欲往何方,明确期望。知道了原因,那么下一步怎么办?要么放弃不管,要么努力改变。这时候你就会有一个人性的期望,是什么就会因人而异。接上个例子,如果他的打算是到一个中小企业去实习,那么这就是他的目标。

第四步:有何资源,盘点现在。目标有了,如何实现呢?这一步要分析一下现在自己都有什么、没有什么,然后找到最有利于实现目标的因素,最后综合起来为下一步制定策略做准备。有个方法,拿出一张白纸,先写上自己的期望(目标),然后依此为参考依据,分别写下现在有的、有利于实现目标的因素,再写下自己所没有的、不利于实现目标的因素。这就完成了结合目标盘点自己的步骤。记住,盘点自己不能无目标地写,所有方面都写,一定要结合目标来写,因为并不是你的所有资源都是达成目标有用、有效的因素,这样在盘点资源时也加深了对自己和目标的思考。

第五步:如何到达,选择路径。盘点好资源之后,就要制定一个实现目标的最优路径了。你走哪条路才能最快最省力地达成目标呢?要注意的是,这里的路径不是捷径,而是最优路径,因为有些捷径自己是走不了的，你要的是实现目标，所以最快的、最省力的、最适合自己的路径就是最好的。将目标看作港口，将自己看作航船，如何最快地抵达呢？这个路径的实现就要依靠你的资源。当你确定了自己的最佳航行路线时，你也就完成了自己的职业发展地图。时刻要自问：这个是不是最适合我，而不是思考近不近、快不快。

第六步：何以知至，量化标准。做到什么程度才知道达成目标、到达目的地呢？这就要对目标进行量化的分析，将目标分解为一项项的具体因素，一方面可以找到要解决的具体问题，另一方面可以随时知道自己处于什么阶段。如上面的实习案例，他要去中小企业实习，那么这个目标就可以量化为企业的老板答应接受你，或企业的 HR 要你，或企业的部门经理要你，你有能做一个岗位的能力等，这样，有标准可参照，你的行动方向就更加明确了。

以上六步是一脉相承的，虽然在分析问题时可能会有交叉，但是只要你明确了目标和认真地盘点自己是可以有效避免重复的。重要的是，你要找到一个实现目标的最适合的努力路径，然后不折不扣地执行。

发展的十大短板

在大学期间、就业时，总会有一些这样那样的障碍在影响大学生的发展，这些障碍并不是外在的困难，而是大学生自身的短板。

▶缺乏谋业意识，没有职业生涯规划

三只不同的动物被关进了笼子，天使对它们说，我可以满足你们每个人一个愿望。

贪吃的猴子说，我要很多很多的核桃；浪漫的熊猫说，我要一个美丽的雌熊猫；勤奋的鸽子说，给我一大沓信纸和一支笔吧。

三年后，它们被动物保护协会放出来了。

第一个冲出来的是猴子，它抱着一大堆核桃，大喊大叫着：给我砸开，给我砸开，因为猴子忘了要榔头；第二个出来的是熊猫，只见它怀里抱着一个小熊猫，雌熊猫拉着一个小熊猫，后面还跟着一个小熊猫。最后出来的是鸽子，它激动地握住动物保护协会人的手说：这三年来我一直和外界保持着联系，我的鸽米生意不但没有停顿，而且还增长了200%。

这个寓言给我们的启示是选择决定未来。什么样的选择决定就会带来什么样的工作成果。你今天的状况是你昨天选择的结果，你未来的状况取决于你现在所做的选择。所以，无论过去、现在，在我们身上发生了什么样的事情，你都不要抱怨，因为这曾是你自己所作出的选择。

没有选择也是一种选择。与职业具体结合来说，你要想30岁事业有成，那你现在就要去规划自己这几年要怎么走。如果你选择观望，那到了落魄的三十岁时可不要去埋怨政府和他人。

未来怎么样，就看你现在怎么选择了？

在大学校园流传一个大实话，“大一时不知道自己不知道，大二时知道自己不知道，大三时不知道自己知道，大四时知道自己知道”。这个总结很好地说明了大学生在大学四年的生活安排。事实上很多甚至绝大多数大学生也是这么安排大学生活的：大一时疯狂地玩消遣时光，和老同学、老乡、现在的同学、寝室朋友等尽情地享受高考后的休养时间，在学长同龄人的影响下，大学生自己也有一种休息的想法，所以，大一这一年就在玩中度过了。

到了大二就面临着恋爱的大问题了，有朋友的在热恋中，没有朋友的正在寻找朋友，失去朋友的也在留意朋友，整个大二在一种追求和被追求中就这么过去了。

到了大三，看到别人参加了社会实践，自己也就跟着做了，当然这时候也有自己的追求和选择，是继续找朋友，还是就这么迁就了？是继续沉沦还是奋起学习？

到了大四才发现自己真的要离开校园，不得不去找工作了。当然这更多的是一部分大学生所选择的生活，或许只是他们生活中的一部分，但这其中却明显地透露出了这样的问题：就是他们只是在大四不得不找工作时才关注到了职业和自己的前程，而这个就是缺谋业意识的表现。

那什么是谋业意识呢？谋业意识就是大学生在大学时树立一种职业谋划提前规划准备的意识，也就是说，大学生在毕业时所找到的工作并不是大学生在大四所付出的努力，而是大学生在整个大学阶段所付出的努力，毕业时的成果更多的是你大学整个阶段的收获，而不是你单纯哪一年的所得，这个道理看来大学生都懂，但有多少大学生是在大一或大二就为就业做准备呢？

大学生没有树立谋业意识就不会提前为就业、职业做准备，从而也就影响了大学生在毕业时的就业抉择和未来的职业发展前程。

▶没有职业自救意识，过度依赖外在人脉

有个关于观音菩萨的故事。某人在屋檐下躲雨，看见观音正撑伞走过。这人说："观音菩萨，普度一下众生吧，带我一段如何？"观音说："我在雨里，你在檐下，而檐下无雨，你不需要我度。"这人立刻跳出檐下，站在雨中："现在我也在雨中了，该度我了吧？"观音说："你在雨中，我也在雨中，我不被淋，因为有伞；你被雨淋，因为无伞，所以不是我度自己，而是伞度我。你要想度，不必找我，请自找伞去！"说完便走了。第二天，这人遇到了难事，便去寺庙里求观音。走进庙里，才发现观音的像前也有一个人在拜，那个人长得和观音一模一样，丝毫不差。

这人问："你是观音吗？"那人答道："我正是观音。"

这人又问："那你为何还拜自己？"

观音笑道："我也遇到了难事，但我知道，求人不如求己。"

这个故事给了我们什么启示呢？那就是成功者自救。

在职场上，人们难免会遇到各种各样的困难，但很多人在遇到困难时，首先想到的是求助于别人，却忘记了自己本身。每个人都有巨大的潜力，我们的潜力足可以解决掉我们所遇到的任何困难。遗憾的是，很多人并没有去开发。

请记住：自己的事情自己做，别人的事情帮着做，大家的事情一起做。

大学生没有职业自救意识体现在：一是在职业能力的积累上过多的重视人脉关系，将营造丰富广泛的人脉视为个人职业能力增强的主要方面，从而忽略了个人的内在能力的培养与打造，一时的人脉可以助你成功，但长久的成就还是要依赖于你的内在能力的！二是在职业生涯发展上过多地依赖于人脉，这也是导致出现上一点的重要原因。如在毕业找工作时，个人职业晋升时，过多地去打通人际关系，过多地依赖亲朋好友的帮助，从而把最应该为职业发展负责的自我放在了后面，

这将直接导致职业事业发展阶段的断层与乏力。简单地说，要找到一份糊口的工作你可以依赖于别人，但要想在职业上有所作为就必须要靠自己了。

▶不明职业自我，难以找到匹配职业

魏文王问名医扁鹊说："你们家兄弟三人，都精于医术，到底哪一位最好呢？"扁鹊答："长兄最好，中兄次之，我最差。"

文王再问："那么为什么你最出名呢？"

扁鹊答："长兄治病，是治病于病情发作之前。由于一般人不知道他事先能铲除病因，所以他的名气无法传出去；中兄治病，是治病于病情初起时。一般人以为他只能治轻微的小病，所以他的名气只及本乡里；而我是治病于病情严重之时。一般人都看到我在经脉上穿针管放血、在皮肤上敷药等大手术，所以以为我的医术高明，名气因此响遍全国。"

这个故事告诉我们什么呢？那就是事后控制不如事中控制，事中控制不如事前控制，可惜大多数的大学生均未能体会到这一点，等到错误的决策造成了重大的损失才寻求弥补。既然在职场犯下的错误都是我们自己所造成的，那为什么你不早些有意识的认识我们自己呢？

大学生在找工作时不知道自己喜欢什么工作，适合什么工作，能做什么工作，这些都是因为大学生对职业自我的认识不清。职业上的所有成功都是由内而外的成功。职业自我是个人谋求职业发展的出发点和落脚点。人在职业上的抉择源于其对职业自我的不满与期望，职业自我直接决定了人的职业兴趣、职业能力（潜能）、职业理想等职业发展因素。

对职业自我的深刻分析才可以也才可能找到与己匹配的职业，而开发职业自我的程度则决定了职业理想的实现程度。先天与后天的综合因素决定了人只可能最适合一类职业，分析职业自我的目的就是在主观上找到这个职业，并且最大化地发挥自己的优势。

▶少有职业理想，不明职业实现通路

有一位军阀每次处决死刑犯时,都会让犯人选择:一枪毙命或是选择从左墙的一个黑洞进去,命运未知。

所有犯人都宁可选择一枪毙命也不愿进入那个不知里面有什么东西的黑洞。

一天,酒酣耳热之后,军阀显得很开心。

旁人很大胆地问他:"大帅,您可不可以告诉我们,从这黑洞走进去究竟会有什么结果?"

"没什么啦！其实走进黑洞的人只要经过一两天的摸索便可以顺利地逃生了,人们只是不敢面对不可知的未来罢了。"军阀回答。

职业理想是个人在深刻准确地分析职业自我并在充分明确职业环境的基础上形成的源于自我而又超越自我的切己的职业期望。职业理想不是职业幻想,更不是职业空想。因为职业理想是可实现的可操作的,是自我在职业上的合理期望,是职业自我追求自我自由,达成自我实现的主观因素。

一旦职业理想确定了,那实现职业理想的职业通路和职业方式就都确定了,如你要成为人力资源总监,那怎么可以及如何才能实现当人力资源总监的因素就都确定了。大学生很少有职业理想,他们将职业理想视为职业空想,岂不知他们不但在混淆了概念的同时还不知道如何致力于职业理想的实现,最终在不明职业通路的短暂而混乱的职业经历中就把职业理想摒弃了。

▶不明专业出路，无法与职业理想相匹配

从前有一个人,从魏国到楚国去。他带了很多盘缠,雇了上好的车,驾上了骏马,请了驾车技术精湛的车夫,就上路了,楚国在魏国的南面,这个人不问青红皂白让驾车的人赶着马车一直朝北走去。那个魏国人,不听别人的指点劝告,仗着自己马快、钱多、技术精,朝着相反方

向一意孤行，那么，他跑得越快，就会因此而离楚国越远。

几乎没有人不知道这个南辕北辙的故事，宝驹和高超的驾术也不能让骑士直奔目的，因为他选错了方向。做正确的事，远比把事做正确更重要。在职业发展上，我们只有在弄清楚发展方向后，才能发挥自己的有利条件；如果方向错了，那么你的条件越好，错得就越远。

更多的大学生在还不知道此专业学些什么及日后毕业可以做什么工作的情况下选择了现在所学的专业，我们不去分析造成这种后果的因素，要说的只是，上大学后你就应该了解你所学专业的毕业出路了，但很多大学生缺乏这个了解过程，就盲目地形成了职业理想，从而导致专业与职业的错位不对口，不能产生针对性的相关性的支持，造成学非所用，用非所学的尴尬不利局面。

大学生要做的就是把专业正推，职业反推，两者如果可以找到相关或匹配，就说明专业可对职业理想产生直接或相关的支持。如你学的是行政管理，那你的出路可以做国家的公务员，也可做企业的管理工作。而你的职业理想是人力资源总监，那这两者间的职业匹配度就相当高了。

▶不明职位要求，难以融入职业生活方式

有个鲁国人擅长编草鞋，他妻子擅长织白绢。他想迁到越国去。友人对他说："你到越国去，一定会贫穷的。""为什么？""草鞋，是用来穿着走路的，但越国人习惯于赤足走路；白绢，是用来做帽子的，但越国人习惯于披头散发。凭着你的长处，到用不到你的地方去，这样，要使自己不贫穷，难道可能吗？"

这个故事告诉人们：一个人要发挥其专长，就必须适合社会环境需要。如果脱离社会环境的需要，其专长也就失去了价值。因此，我们要根据社会的需要，决定自己的行动，更好去发挥自己的专长。

大学生尤其是毕业生在找工作时，根本不明确所要应聘或实践的职位的要求，甚至也不衡量职业自我与职位要求间的匹配因素就盲目

地去应聘目标职位，导致两种结果：一种是大量的应聘失败；另一种就是即使勉强进入到了目标职位，也很难融入目标职业的生活方式，这时职位不是给个人造成大量的麻烦的职业心理问题，就是个人选择辞职跳槽增加职业发展成本的行为。

▶没有掌握职业技能，缺失职业核心竞争力

在一个漆黑的晚上，老鼠首领带领着小老鼠出外觅食。在一家人的厨房内，垃圾桶之中有很多剩余的饭菜，对于老鼠来说，就好像人类发现了宝藏。

正当一大群老鼠在垃圾桶及附近范围大挖一顿之际，突然传来了一阵令它们肝胆俱裂的声音，那就是一头大花猫的叫声。它们震惊之余，更各自四处逃命，但大花猫绝不留情，不断穷追不舍，终于有两只小老鼠走避不及，被大花猫捉到，正要向它们吞噬之际，突然传来一连串凶恶的狗吠声，令大花猫手足无措，狼狈逃命。

大花猫走后，老鼠首领施施然从垃圾桶后面走出来说："我早就对你们说，多学一种语言有利无害，这次我就因而救了你们一命。"

"多一门技艺，多一条路"。不断学习实在是成功人士的终身承诺。

大学生都有学习职业知识的观念，但还没有形成掌握职业技能的观念，职业技能是需要一定的操作练习才掌握的职业能力，是衡量个人职业素质的重要因素。而这也是非一日之功才可以打造的。观念、知识、经验、技能、道德是职业素质的五大因素，而职业技能是职业核心竞争力的核心部分，没有掌握职业技能，就很难达到职业上的不可替代性，从而很难成为企业的核心员工，并且这种状况会持续广泛的影响个人日后的职业生涯发展。大学生职业技能的缺失会导致大学生在职业社会化过程中的职业投机行为，即大学生只有两份力，但却在寻找三份钱的工作，导致大学生的职业不良跨越发展，为日后的职业心理问题和职业跳槽埋下了隐患。

▶缺少职业见习，没有职业经历经验

一个人在高山之巅的鹰巢里，抓到了一只幼鹰，他把幼鹰带回家，养在鸡笼里。这只幼鹰和鸡一起啄食、嬉闹和休息。它以为自己是一只鸡。这只鹰渐渐长大，羽翼丰满了，主人想把它训练成猎鹰，可是由于终日和鸡混在一起，它已经变得和鸡完全一样，根本没有飞的愿望了。主人试了各种办法，都毫无效果，最后把它带到山顶上，一把将它扔了出去。这只鹰像块石头似的，直掉下去，慌乱之中它拼命地扑打翅膀，就这样，它终于飞了起来！

这个故事给我们的启示是：磨炼是召唤成功的力量。

大学生在大学期间缺少相应的职业见习，从而导致没有职业经历经验。大学生职业见习的目的：一是检验理论所做的职业选择；二是在实践中进一步学习职业知识；三是积累职业经验，为日后毕业入业做准备。职业见习是大学生在待业准备阶段的成功性标志，是大学生职业生涯阶段的第一个尝试期。

▶轻视职业道德，影响职业生涯的持续发展

有个老木匠准备退休，他告诉老板，说要离开建筑行业，回家与妻子儿女享受天伦之乐。老板舍不得他的好工人走，问他是否能帮忙再建一座房子，老木匠说可以。但是大家后来都看得出来，他的心已不在工作上，他用的是软料，出的是粗活。房子建好的时候，老板把大门的钥匙递给他。“这是你的房子”，他说，“我送给你的礼物。”

他震惊得目瞪口呆，羞愧得无地自容。如果他早知道是在给自己建房子，他怎么会这样呢？现在他得住在一幢粗制滥造的房子里！我们又何尝不是这样。我们漫不经心地“建造”自己的生活，不是积极行动，而是消极应付，凡事不肯精益求精，在关键时刻不能尽最大努力。等我们惊觉自己的处境，早已深困在自己建造的“房子”里了。

把你当成那个木匠吧，想想你的房子，每天你敲进去一颗钉，加上

去一块板，或者竖起一面墙，用你的智慧好好建造吧！你的生活是你一生唯一的创造，不能抹平重建，即使只有一天可活，那一天也要活得优美、高贵，墙上的铭牌上写着："生活是自己创造的。"

在职业素养的五大因素中，职业道德是大学生最轻视的因素。职业道德更多的是一种职业态度和职业规范，是保证职业行为的有序有效进行的必要保证，是职业常青的重要保证。在职业事业发展阶段和立业实现阶段做人都是比做事更重要的，职业道德的最高境界是立信，即说到做到。职业道德的低下在就业生存阶段还是勉强维持的，但大学生要谋求更大的职业发展，内化学习职业道德是必不可少的方面。概括地说就是你的职业态度决定你的职业高度！

▶盲目考取职业资格认证，抹杀职业自我和分散职业核心竞争力

有句著名的谚语："一支箭无法同时射中几只鸟儿"。这听起来可能会让一些爱钻牛角尖的人误会，最不是有"一箭双雕"的成语吗？可我想，肯定没有人真正见到过"一箭双雕"的情景。这个谚语告诉我们三个道理：

第一，不要指望靠着仅仅射出的那一支箭而实现许多个目标（如果把我们的每一次努力都比喻成箭的话），想通过仅仅一次的努力就把梦想全部实现或者把利益全部得到的可能性几乎不存在。所以，如果你想实现自己更多的目标，你就必须不断地射出自己的箭（即不断地努力），不要怕不中，只要你射得越多，虽然命中率可能越低，但你的射中的概率一定越高，虽然成功与命中率高低无关，却决定于概率的高低。

第二，告诉我们必须要对自己的目标专心，一次射一支箭只能奔着一只鸟儿（目标）去，而不要幻想着奔着很多只鸟儿（目标）去；否则，最后的结果只会哪只鸟儿（目标）也射不中。

第三，箭射多了，总有一支会射中鸟儿，所以，一次表现得多么优秀

（无论一次射中是多么的精彩），对每个人来说都不算太难。

而大学生的一个误区，以为考取更多的职业资格认证就代表职业能力的增强，即使目前用不上，但学了总是有用得上的地方，这种学习的心理是对的，天下没有不劳而获的事，但天下也没有劳而不获的事。但大学生这种学习行为忽略了职业自我的适合性和职业核心能力的专注性。每个人都可以做很多事，但只要你可以做好一件事，那就完全可以安身立命，建功立业。大学生在职业发展上追求的不是什么都可以做，而是在一点上只有我可以做并且只有我做得最好。

一个案例的十段点评

都说大学生就业难，可那是怎样形成的呢？让我们看看一个大学生的案例就知道了，你会发现有些大学生就业时注定是要难的。希望在校大学生能以此为鉴，不要重蹈覆辙。

①我是西北某学院的汉语言文学应届毕业生。今年毕业后，我没有选择留在银川，也没有回家，而是选择了去外面见见世面。正好有个好朋友打算去大连，于是就来到了大连。

点评：城市的选择很随意，没有主见，没有结合自己的职业发展目标而圈定发展地域，因为城市的定位和发展重心是不一样的，最好将自己目标或发展方向和城市开发重点结合起来，而这个同学在毕业时就是因为有朋友去大连就去了大连。

②我最初找工作，想先找本行。可是做文员的人家就是要女的，我是男孩啊，没办法。找个什么助理了，人家也几乎要女的，要不就是专业不对口，要求工作经验之类的。

点评：求职前没有定位和目标。对岗位没有调研，不知道岗位是做什么的，都有什么要求。不能从自身出发确定求职目标是其失败的根本。

③我本身也是不怎么喜欢干本专业，上大学选专业时，我是被调剂的，当年上大学时，上了本科线，但没有上我所报学校的分数线，于是被调剂到了现在的学校和现在的专业。我对专业不感兴趣，想换专业，但是换专业要花钱，由于家里经济条件不是很好，所以就没换。就这样，混了四年。其实话说过来，我也不知道自己到底喜欢什么专业。

点评：原因出现了，所学非所好，专业的不喜欢导致自己没有形成专业能力，从而导致在求职与本专业相关的工作时失败。但大学四年没有好好利用是其找不到其他工作的原因，因为跨专业求职，要么你有相关工作经验，要么你的水平和专业学生差不多，但他混了四年，不喜欢的没有学，喜欢的也没有学，当然他没有去探索自己喜欢什么专业。可见，大学四年是不能混的，最起码你要有一个专长。

④说我浪费光阴吧，我也不怎么认可。虽然我没怎么学我的本专业吧，但我觉得我在大学里也没有纯粹的玩乐。我没有玩网络游戏，觉得那些人生活在虚幻的世界里。也没有花前月下，过二人世界。我爱看书，并且什么范围都涉猎，看完之后还要反思一下，我的精神世界可以说很丰富。

点评：看书是好的，但是如果没有一个方向就不能形成一定的知识体系和能力，虽然他什么范围都涉猎。博览群书是可以发现自己的倾向的，最喜欢看哪类书，哪个领域的书，这些他是没有思考的。很可能他将看书作为打发时间的方式了。其实样样通不如一样行。

⑤在寒暑假期间，我选择去工地上干苦力，去家政公司。平时周末时，去商场做促销，做过家教，自己还做过小生意等。可以说在吃苦方面，我觉得自己还行。

点评：实践了很多，但实践的方向是散乱的，无目标的。实践和专业毫不相关，当然他是不喜欢自己的专业；第二他的实践很低端，不是说去工地干活就丢人了，但是作为大学生，应该做些知识性、能力性的工作，这样才好积累相应的工作经验。简单地说，如果他想去工地或家政，那就可以努力那样的实践，但他不是。就是说你所做的事情要能够支持你日后的工作，要么可以锻炼提升你的目标能力，要么可以赚钱。还有，他没有去公司实习过，而那是形成工作经验的重要途径，也是求职时雇主十分看重的。而且这些实践都是很平常的，很多学生都做过的，这样也不能给雇主以特别的感觉。

⑥目前的情况是，我觉得干本行难度大，且我并不是很喜欢，在学校里也没怎么练过写作。但是其他的，人家又不要我，我也没在大学里好好学点什么。我就是想转行，但不知道怎么转？

点评：大学生就业的通用现象：所学非所做，所做非所能。花很多钱上的专业没有学到什么，并且也不想从事自己所学的，那么你为什么要学，当大学里有时间时你想什么去了呢？要做的工作因为你没有相应的积累，当然就不行了。大学里没有培养一项核心的能力，没有学好一个专业，而所做的实践又很低端且没有特色。知识、能力和经验（大学生求职的三项）都没有积累，你凭什么找工作？大学里从来没有为就业做些积累，所有的求职都将是从零做起，更谈不上转行了，因为你一行都没有入。

⑦我自己也在百度上搜索过，我知道我现在应该做个职业规划，先测试了一下的职业兴趣，自己喜欢做销售、服务、管理之类的工作。问题是我觉得做销售之类的工作，学不到什么专业性的技术。说是可以锻炼人，可我觉得自己已经在大学期间锻炼得差不多了，不用再锻炼了。

点评：不是说做一个职业规划就可以马上找到工作的，如果你大学时意识到这个问题，并且积累知识、能力和经验的话，那样你是会在毕业时找到工作的。就是说，职业规划≠找到工作，职业规划≠马上找到工作。职业规划所能达到是让你具备相应的求职能力，并且需要一定的积累才可以引起质变，所以是需要一定的时间积累的。一个观念误区，觉得自己不用再锻炼了，这样的结论是要老板和上司得出的，你做过什么、做成了什么？凭什么得到这个结论呢？

你这个状态是注定无论做什么工作都要从零开始的，因为你没有相应的积累。如果你相信职业测评，那为什么不去做销售呢？这可是你适合发展的一个方向。销售也有专业性技术的，销售好做，做销售高手就难了，这两者的区别不就是专业性技术吗？如果你所理解的专业性技术是如机械工程那样的技术，那么你就更难了，因为你没有理科背景，哪个公司会让你去做技术性工作呢？所以说，你以这个理由来拒绝做销售工作也是站不住脚的。感觉你就是在给自己找借口，看到别人在做着好工作自己就羡慕，但是你忘了他背后所具备的能力了。如果拥有了一个好的期望，那么你有实现期望的能力吗？你为其准备和努力了什么呢？天下没有那样不劳而获的事情的。

⑧现在，来大连也将近一月了，还没找到合适的工作。不是说，找不到工作，其实只要放下架子，一个25岁的大小伙子还能没口饭吃？问题是：总不能让父母辛苦花了几万块钱让我上完大学去做苦力吧。但现在除了做业务，没有单位要我。

点评：因为你以前的无意识导致现在的状态，这是必然的，一分付出一分收获。你认为父母给你花了几万块钱就应该找到一个好工作，这个结论是符合投资回报理念的，但是这点你知道得有点晚了，最起码不是说你意识到了这一点就会得偿所愿。如果你早点以此要求自己，那么求职三要素的知识、能力、经验你总能具备一个吧？是的，只有业务这一行包容性强，而这也是你亵渎、荒废大学的代价。

⑨我也分析了自己找不到工作的原因：首先，自己实力还欠缺，例如虽然自己在大学里英语考试考得好，却没怎么练过口语。其次，这个专业的局限性，还有自己没有在本专业上下工夫。

点评：知道找原因了，但这和考试后的答案一样，虽然都知道了但一切也晚了。但分析，或者说是检讨得还不够深刻，找自己原因的地方比较少。

⑩但是我毕竟要面对，想改行，却不知改哪行？那目前我该怎么办啊？怎么做个职业规划？

点评：道理说完了，现实还是要面对的。先生存再发展、先工作再转换、白天干活晚上学习，这是给你的三条建议。

第一，活下来比什么都重要，不能等找到合适或喜欢的工作再去工作，发展是有前提的，如果你连现在的工作都干不好，如果你都活不到今天晚上又何谈明天的太阳？先做销售也可以是解决生存的一种方式。

第二，无论你做什么工作都是从头做起，而你还没有一个目标，那么做什么其实在当前阶段都不是最重要的了。因为职业选择本身就是一个过程，是在不断排除不喜欢工作的过程中逐步找到适合工作的，而这个排除过程就是在做着工作并且是要连着做不同的一些工作。所以,你的状态是做什么工作都可以的。

第三,白天为生存忙活,晚上思考、积累。思考当前的工作自己如何能干好,是否喜欢(每个工作最少坚持三个月,并且是在做好达到一般员工的合格水平才可以转换到下一份工作,不能以换工作为理由而不把工作做好),多上职场类网站,前程无忧并不是只有在找工作或换工作时才要去看的,多去看看你会有危机感、知道你所做岗位的具体要求等。晚上是必须要用来充实自己的,因为你是从头做起,你和别人的距离已经很远了。

拿了“假”毕业证的十种人

哪些人会持假证？没有真才实学达不到标准而持有的人。什么样的毕业证是假的？在街上吆喝办证的那些是单纯的假证，那除此之外还有什么是假证吗？笔者认为还有好多人都拿着假证来忽悠。以下十种人，笔者认为拿的都是假证，他们都在以大学生的名义来包装自己，但自己根本就不符合大学生的标准，或者说是一个伪大学生。

无业可专的人

自己的本专业没学好，想学的专业没有学，等到了毕业时，发现自己一无是处，可能连自己专业是什么、学什么、能做什么都解释不清楚，而自己一直所标榜喜欢的专业，连基本的专业书都没有看完。四年的时间，哪个专业都不专，失去了专业的培养目标和意义：培养此领域的高级专门人才。大学里的专业学习他没有做到。

能力无力的人

如果专业你不爱学，那么你应该多锻炼一些能力吧，可是一些学生的能力根本就没有修炼和提升，表达能力还是那么差，什么组织能力、管理能力、解决问题能力等都没有突破，导致自己什么都不能做或者什么也做不好，可以说，这四年大学白上了。大学里的能力塑造他没有做到。

知而不识的人

有的同学连五谷都不分，煤气怎么用等这些生活常识都不懂，更别提什么科技常识、社会常识、职业常识了，虽然不是让你成为博学家，但是连这些基本的常识都不懂的话，那你的大学又做什么了呢？图书馆里的书五花八门，随便的一本书都可以让你长点见识，但可能你四年所去图书馆的时间还没有看四个电影的时间多。大学里的博览群书他没有做到。

道德无礼的人

如果你能力不行的话，最起码做人要老实一点、诚信一点吧，可是有的同学连这点都做不到。不遵守公德，故意为难别人，看谁都似仇人，处处不与人为善，做点好事比杀自己还难，没有礼貌，不懂得尊敬人，认为什么都是理所应当的，不感恩，不文明，满口脏话，这样的人无能也无德，这样的人根本就没有好好上过学。大学里的修道立德他没有学到。

理想虚无的人

没有自己的目标，总是人云亦云，一直在做别人，一直在被别人的左右，时髦很容易就可以打动他，对自己的人生没有定义和期望，肆意享受生活，从来没有做过自己，也不考虑自己的内心，只图一时之快，是一个彻头彻尾的物质主义者。大学里的人文精神他没有学到。

做事无序的人

自己的生活一团糟，做什么都没有规划，不会管理时间，也不知道怎样管理自我，不懂得事物发展的规律，不知道解决问题的思路，更重要的是没有学会分析问题的思考方式和思维方式。这样的人做什么心里都没有数，做什么事也做不好，大学里的思维方式他没有学到。

封闭自我的人

上了大学，不会有效利用图书馆和互联网，不知道世界有什么，有多大，只是蜷缩在自己的生活小天地里，每天的三点一线，吃喝睡玩，全然没有国际化的成长视野和全球化的思考方式。甘愿窝在学校的一亩三分地里，可能连所处的城市都不了解，这样的封闭自我，谈何成长？大学里的志向高远他没有学到。

不能自立的人

自己什么都不敢干，什么都不愿意干，什么都干不好，单纯且完全地依靠家里、别人，独立生活一团糟，万事不能自己做主，简直没有主心骨，永远都是父母的乖乖儿，长大了没有成人，年龄增长了本事没有了，这样的人对于社会来说就是寄生虫，单纯的消费者。大学里的独立人格他没有学到。

无责任感的人

自私是人的本性，但是有的人太自私，一点没有集体感，万事以自己为中心，班级、集体等大家的事情从来不见他的身影，帮助弱者支持公益的事情更没有他的踪迹，为他人、社会、国家、民族、人类思考，就更不可能了，这样的人就是单纯地为自己活着。大学里的社会责任他没有学到。

没有长进的人

今天和昨天一个样，大四和大一一个样，大学和高中一个样，相比于自己的过去，没有明显的进步，甚至道德等还会退步，处于一个成长期的大学生，如果不能超越昨天、过去的自己，那么他就在退步了，那这个大学你上着有什么用呢？四年的时间和自由哪里去了？大学里的发展自我他没有学到。

什么样的人才是合格的大学生呢？就是以上所列的因素：专业学习、能力塑造、博览群书、修道立德、人文精神、思维方式、志向高远、独立人格、社会责任、发展自我，这十个因素多吗？一个合格的大学是否要具备十之三四呢？一个优秀的大学生是否要具备五六呢？如果这些因素你没有占十之五六，那么你的毕业证书和街上办的假证有什么区别吗？

如果大学可以重来十次

——一个普通大学生的典型就业观

大学里我最遗憾的事情就是没有规划职业，没有了解职业，导致自己从大四找工作时才关注就业，这就像考试后公布答案一样，虽然一切都知道了但一切也都晚了。我现在的感觉就是如此，很遗憾，很希望自己的大学可以重来，因为如果那时我早点规划职业，我也不会沦落到今天的境地了，想做的工作做不了，不想做的工作还要做，自己的目标遥遥无期。因为以前积累的太少了，导致自己的心理压力、情绪等问题产生而进一步地干扰了工作。

我的大学是这样过的，大一时就听辅导员的，好好学习公共课，参加了 N 个社团，也竞选了学生会虽然最后落选，积极参加学校、院系的活动，尤其是点名的活动；也积极地去听一切讲座虽然也问不出什么问题。那个时候真的不知道自己要干什么，一天就是这样过，也不考虑什么，有课上课，没事就找高中同学或者跟大学同学一起玩。那时学会了上网，其实说是上网主要就是学会了用 QQ 聊天，大一就这样过去了。

大二时我跨入了考证一族，什么外语四级，计算机一级，普通话证书等，也参与社团办的几次活动，还做了一份家教，也找到了促销和发传单的工作，就这样在图书馆和自习室、考场上度过了我的大二。大三时想到了要把没过的四级再学学，这时候专业课多了起来，一天就是忙着上课和逃课，还参加了学院举办的几次活动，同时也谈起了恋爱，日子在甜蜜和匆忙中就过去了。大三结束时我也没有真正学会写论文。虽然平时也有论文任务，但还是借鉴别人的比自己想的要多。

到了大四，这时的气氛真的不一样了，一方面企业提前在校园里宣传营造了气氛，另一方面学院为了提高就业率也督促我们赶紧落实工作。此时逃课成了常态，老师们也不得不理解，我也着急了，想找个实习机会，但最后还是没有实习成。回想起来，那时我做的简历简直不能看，连怎样准备面试也不知道。可想而知，我是投递了 N 份简历后才勉强找到一份工作的，虽然对这份工作有一万个不满意，但为了吃饭，我也只能先做着了。以前以为毕业找到工作人生就稳定了，哪知，第一份我都没干上两个月就辞职了，接下来就步入了频繁的跳槽一族了，不是我炒公司就是公司炒我，总之有一点不爽我就跳，至此漂泊成了我生活的常态。

重述了我的大学生活，这里充满了遗憾。假设我的大学可以重过的话，我将会这样去过，以下是我的假设，真心希望可以给在校的大学生一些参考。

如果大学可以重来，我一定会树立自救意识

无论遇到什么事情，首先我要求助的一定是自己，而不会再去考虑怎样谋得别人的帮助，从而把很多时间花在建立人际关系上。现在看来，大学时所谓的那些关系很快就会随着毕业后的各分东西而疏远。无论学业还是就业，我一定靠自己，有问题我也会自己去解决，也不是在等、靠、要中错失机会。

如果大学可以重来，我一定会主动地去解决就业上的问题

如果我不会写简历，我一定会多请教别人，也会上网、上图书馆多去看看；如果我不知道怎样写论文，我一定会多去看看书；如果我找不到实习机会，我也会主动地去自荐；也就是说，我会让自己积极主动地去分析和解决问题，即使最后解决不了，我也不会坐以待毙，试了不一定行，但不试一定不行，我一定会主动地去争去求。

如果大学可以重来，我一定要多认识些已经工作的人

通过和已经工作的人交流，我会很好地了解大学要怎样过，工作世界是什么样的，要培养什么样的能力；尤其是要多认识一些比我经历丰富的那些人，因为他们走过的路，我正在走或即将走，我可以从他们那里得到很多很多的经验。如果我可以确定一个职场导师、职场贵人，那我对职场的了解将是飞速的，日后的实习也很有可能是他帮我介绍呢。

如果大学可以重来，我一定会早点确立一个目标，哪怕是一个不适合的目标

因为没有目标，导致我在大学里随波逐流，也找不到大学的意义和成就感；没有目标的我，虽然一天也在忙，那些都是盲目的忙碌，不能专注地学习和发展，看到什么好、什么热、什么大家都在学我也就学学。看似学了很多，其实什么也没有学到。如果大一时我就有一个类似当人力资源总监的目标的话，我的大学一定是很充实的，也会了解和积累很多，虽然可能大四我不想往人力资源方向发展，但我也会学到很多职业、职场方面的知识。可是现在呢，对职业还是知之甚少。

如果大学可以重来，我一定会只做和目标相关的事情

因为要实现自己的理想、目标、期望，是需要一定时间的。所以，我一定会只做和目标相关或对实现目标有帮助的事情，而不会盲目地去做很多事情。盲目做事虽然自己一天也很忙，但结果对实现自己的目标一点支持也没有。毕竟我的大学是有限的，即使我四年如一日地为目标而努力都不一定实现目标的话，那我更不会随意地牺牲我实现目标的有效时间。这样我也会抵制很多诱惑，让自己专一地去做事。

如果大学可以重来，我一定会好好利用我能利用到的资源

我不会再在要写作业时才去图书馆，也不会在要写论文时才去查资料。我一定会多去自己学校的图书馆、电子阅览室，多去自习室，多去和学校的老师、部门沟通求助；也会好好利用互联网，而不会去玩游戏和聊天、看电影；我会通过互联网了解其他的大学，让自己保持与时俱进；我也会多去同城市其他大学的图书馆看看，也要去城市的公共图书馆学习，让这些资源为我所用，这样我的成长一定是很快的。

如果大学可以重来，我一定会投入一定的金钱去关注自己的职业生涯

我会花钱买点关于职业、工作的书看看；我会报个与职业、就业有关的培训班、夏令营、训练营等去充实自己；我会花钱做个职业测评；我会花钱去职业顾问那里进行个咨询；我会花钱为自己的未来和工作把个脉；上大学的钱都花了，报英语班的钱都花了，我再也不会只顾埋头赶路而不去考虑自己的出路，在职业上的投入一定不会比学业少。毕竟，职业生涯要伴随我们四十年以上，而且我们的生活基础、人生幸福还都寄托在了工作上。所以，我一定会加大对职业的投入。

如果大学可以重来，我一定会追问大学的意义并有效规划自己的大学

我的大学是在茫然中度过的，不知道要怎样利用大学，也不知道为什么上大学，更不知道大学对自己的人生和未来有什么具体支持。如果大学可以重来，我一定会好好利用大学，珍惜大学的每一分钟。因为我知道大学是我人生中最后的一段集中充实自己的时期，我要在大学里锻炼我各方面的能力，让自己可以脱颖而出，让大学可以为我的工作、我的人生服务。从人生的角度审视大学，一定会找到大学的意义并且可以很好地规划大学。

如果大学可以重来，我一定要好好充实自己以便去一流企业实习

以前实习的范围仅仅定在了学校所在的城市，实习也限定了本专业。如果大学可以重来，我会在大一时就确定到500强实习。我会关注一流公司的实习计划；我会根据目标实习岗位和公司来要求自己、塑造自己，一定会把英语口语、计算机学好；一定会精通一门学科，有一个专长，我的实习视野会以一流企业来要求自己。即使我最后去不了，我也会在这个过程中学到很多东西。因为我的学习参考标准是一流的，那我去二流的公司去实习就一定不成问题。

如果大学可以重来，我一定会在求职前进行一个详细的职前调研

再也不会一份简历包打天下；再也不会一份网上海投找工作；再也不会连公司的全名和成立时间都不知道；再也不会连要应聘的岗位主要做什么都不知道；再也不会按照求职指导书来编造自我介绍；再也不会随意地觉得自己能做就去求职。我会首先锁定自己要求职的行业和企业；我会明确自己要求职的岗位和发展的方向；我会对他们进行详细的调研;我会做到比面试官还了解企业;我会在调研企业中总结出企业的问题和解决问题的方案;我会在调研中知道自己要做什么及怎样做;我会知道这个公司的企业文化和潜文化是什么;我会知道这个公司的人力资源战略和薪酬设计标准;我会知道我应聘的岗位在部门和公司里的作用是什么以及这个岗位在公司的发展道路是什么;我会知道公司的核心产品和服务是什么以及都有哪些竞争对手;我会知道公司的发展战略和经营手段是什么……

我的大学是遗憾的,因为我没有请教和吸取经验的意识,我是在自己一个人的探索中度过和享受大学的。所以那时我根本没有规划职业和职业规划的意识,就知道挨日子。现在想来,如果我在大学里规划职业,那我今天的工作一定会很好,最起码要比现在的风光。可是当我有时间有精力改变自己命运时,我却没有好好利用和珍惜大学,现在已成事实了想改变却没有了充分的时间和精力。希望在校的大学生们不要步我的后尘啊!

送给大学生们一句话:大学,请你且行且珍惜!

第二章

知己知彼，像了解自己一样了解职业

◇人向何处去，钱从哪里来，你要早点找到这两个问题的答案！

◇毕业的前方不是没有路，而是你看不到路。

◇在有限的时间里，学什么知识源于你要做什么工作。

◇你目前的情况怎么样并不重要，重要的是你未来会站在哪里。

了解自己的十个捷径

大学生都来做个自我盘点，在解剖自我中明确自己的人生追求和大学目标，尤其是为职业探索作出一步重要的自我探索。建议所有大学生都在网站上开一个“我的职业成长日志”或专门买一个笔记本，以记录自己每一步的职业探索和每一点个人感受。了解自己，由十个游戏开始！

我的生命线

生命线简单来说就是你给自己的寿命定个期限，然后按照时间顺序来自由确定你人生的大事件。写生命线的目的是让你对自己的人生有所展望和安排，以增加人生的目的性和规划性，为创造理想人生打下基础。

生命线的时间取决于你给自己确定的生命年限。最好以一段时间为一个单位，便于达成目标，但一定要有一条事业主线，否则就没有意义了。如你现在20岁，给自己的生命线的终点定为70岁，那你就有50年的自由支配时间。你可以将20到24岁定为大学学习期间，24到27岁积累期间，28到30岁去麦肯锡咨询工作，35岁自己办管理咨询公司……

我的墓志铭

我们都知道“雁过留声，人过留名”这个俗语，可墓志铭却是由别人来为我们书写的。因为我们是在发现自己价值观和定义人生的现阶段，所以干脆就我们自己来写。通过写墓志铭可以促使你展望自己的人生并会在一定程度上树立目标。所以这个游戏重在发现自己和树立目标。也就是你说如果自己一生是什么样的，那你现在就应该着手去达成那个样子！

我们现在写自己的墓志铭可以有无限的展望。因为你有很多时间去实现你所希望的，直到你真的利用了墓志铭。所以畅想性是第一原则。还要从各个角度去写，如社会活动，个人修为，家庭友人，工作事业等角度；全面性是第二原则；第三原则是成就性，就是说你要给自己定义一些成就，最好集中在一个领域，正因为专注你才会产生很多成就；概要性是第四原则，简单概括在500字以内最好！

我的一生计划

我们相信人的一生是可以预演和改变的，也就是说有意义的人生是可以定义的。当然每个人的活法不一样，但想建功立业有一番抱负的人都是有计划的。所以希望大家可以先写下自己一生的51个目标，方方面面的都可以，就是让你思考自己的人生。目标是可变化的，是可转移的，但这个目标的集合是有助于你发现和定义自己的. 有目标总是好的，所以在这里写下人生的51个目标吧！这里的一生计划不是很注重时间年限上的确定，可以随意地罗列你的计划、想法，但要想将计划转化为目标就要结合时间了。

怎么去写一生的计划，有哪些要注意的？首先，这是你一生的计划，它是目标的集合，所以要全面。要从生活、个人、家庭、职业、社会等各个方面来树立目标；其次，是时间性，光有想法是不够的，最好要有个预期实现的时间，当然不是有明确的时间就能够实现，但从计划的现实性来说最好还是要有限制的；再次，是要量化，目标不可以概括，要量化具体，这样才会明确！

我的表彰大会

目的是通过分析发现和展望你自己的优势与特长，便于发现和培养自己的核心竞争力！你可以海阔天空地想表扬，也可以脚踏实地地想表彰，总之本活动就是给你一个实现自我的机会，快来参加游戏吧！

第一要具体，因为要发现你的特长，所以表彰的内容要具体；第二要权威，是专业性、政府性的表彰；第三是人物，参加表彰大会的都有谁；第四是奖品，你所希望得的奖励是什么要明确！

我的三个愿望

我们给大家很多游戏的目的是为了促使你发现自己的核心价值观和人生追求,所以澄清价值是很重要的。因为你认为什么是你最在乎的会直接影响你的下一步行动,到了这一步我们希望你能够简单而明确地说出自己最想实现的三件事,好给你的下一步行动带来明确的指引!

时间,地点,事件等具体的因素是一定要具备的,我们就假设你所希望的日后都可以实现吧,游戏开始了!

我的最后三天

三天,72 小时,整合你的所有生活,一生化为三天,三天浓缩一生,你会怎么过呢?这个游戏的目的:一是将一生简化为三天来过,将一生的所有层面和生活都简化了;二是用以终为始的态度来安排你的时间,促使你珍惜时间;三是通过安排三天生活来澄清你的价值观,明确你最在乎的东西!

要将 72 小时有序安排。生活、工作、娱乐、亲人等你会怎么安排呢?你要按照每天 24 小时来筹划生活!

十年后的我

十年,是一个很重要的阶段。青年中的十年是很重要的,对改变自我命运起着关键性的作用,所以从现在开始展望一下十年后的自己是很有必要的!

十年,对于自我的工作事业是有一个阶段性的成就的,那么更重要的是要从事业、生活、家庭、社会等层面展望一下自我,在身份和地位上着手是我们的追求!

我理想中的生活

理想中的生活是我们每个人的终极追求,因为我们活在人世间,其实工作在很大层面上是一个手段,是一个为谋取理想生活的手段。当然工作还可以满足我们其他层面的需求,但更多的人工作的目的就是为了能过理想中的生活。所以我们在承认大家都是俗人的前提下让大家畅想一下各自的理想生活，然后结合未来的理想生活再考虑现在的工作。就是说从理想生活中反推到现实的工作上来，也可以说判定职业是否适合自己的一个方法是结合自己想要过的生活。因为工作是影响生活的，所以如果你着眼于生活，那选择工作时就要做一定的舍弃了。

应该将你对物质的需求，对亲人的帮助，对自己的享受等层面都涉及，并在罗列物品等之后将其换算为大概的货币。当然这时你理想中的生活要有一定的现实性，最起码不能超过目前世界首富的金钱。即比尔·盖茨的500亿美元，假设就这么多，那就可以大胆地去畅想了！

我理想中的工作

畅想一下你理想中的工作，作为选择工作的一个评判依据。毕竟工作是要由自己来做的！所以合乎自己的想法是最关键的！

要从你希望的工作环境，工作氛围，工作内容，工作强度，工资福利等方面去写你理想中的工作，越详细越好。越明确自己想要的，你就越好作选择，从而也就比较容易得到你所想要的！

我的得意之举

你的得意之举证明着你的能力，所以请你写下从小到现在的十件你认为最成功、最超越自我、最得意的事情。生活、学习、交际、办事等，只要是由你独立或起主要作用的事情就可以！

时间、地点、事件、结果、关键因素，尤其你要把解决事情的关键因素和自己的独特能力和手段写出来，这个便于发现你的核心竞争力。建议采用倒叙的方式来想，从现在推到童年，只要够十件就OK了。

人因目标而奋进

人生的悲剧不是你设立了目标而没有达到，而是你没有可以树立的目标！

一个学生给笔者打电话求助。他是兰州那边的一个专科生，今年7月份毕业的。在大四下学期求职大潮中也努力地求职，但是失败的结果大大超乎他的想象。转而他开始关注求职、关注职业生涯。他在网上看到了笔者的博客，与我聊起来。他现在的打算是，要找到一个目标，然后准备一阵子再去求职，他不希望再盲目地找工作并工作了。然后他问笔者：他要确立一个什么目标好。笔者的回答是什么都可以是别人的，但目标一定要是自己的，要由自己树立和确定，而不能由别人帮你代劳。最后笔者跟他说了许多，现在将涉及目标的内容写出来，和大家分享。

▶大学生目前的状态

很多大学生不知道自己喜欢什么，也不知道自己不喜欢什么；不知道自己想做什么，也不知道自己不想做什么；不知道自己能做什么，也不知道自己不能做什么。哲学否定之否定的真理在大学生身上遇到了挑战（笔者将之归结为大学生的“六不”状态）。目标缺失，是大学生的集体无意识。

大家跟我一起看一组统计数字。

一组数字：18个80%

1. 80%的大学生在上大学时不知道为了什么；
2. 80%的大学生上了大学也不知道为了什么；
3. 80%的大学生是在打发大学生活；
4. 80%的毕业生后悔自己的大学虚度了；

5.80%的毕业生认为如果大学时努力一些,自己的工作会有很大不同；

6.80%的毕业生不知道自己找的第一份工作是为了什么；

7.80%的人不喜欢自己目前所做的工作；

8.80%的人认为自己没有去做自己所喜欢的工作；

9.80%的人后悔自己所选择的职业；

10.80%的人认为自己所选择的职业影响了他们的一生；

11.80%的人认为职业不能当饭吃,所以职业就是职业；

12.80%的人没有一个自己一生要追求的职业；

13.80%的人没有为职业做最大努力就放弃了；

14.80%的人没有实现他们的职业理想就死去了；

15.80%的人在死前也没有实现他们的职业理想；

16.80%的人认为他们的一生是虚度的；

17.80%的人认为如果能实现年轻时的职业,那自己的人生会有很大改观；

18.80%的人在回忆人生时说:要有自己的职业并且为职业而奋斗。

所以,如果你是大学生,如果你在大学时建立自己的职业,那日后你找到的职业与实现的职业会影响你的一生。而80%的大学生并没有这样做。现在的你呢?

▶大学生为什么没有目标

为什么很多大学生都没有自己的目标呢?这就跟我们的家庭教育和学校教育有关了。父母一直在左右我们的人生,他们根本没有考虑到你的人生要由你做主,就完全按照自己的想法替你安排了。虽然用心是良苦的,也是抱着为你好的心态去做的,但是这样做的后果就是,让我们没有了独立性。致使我们遇到问题或重大选择,首先考虑的不是自己和内心的感受,而是父母的意见。

学校的全面、统一教育更是抹杀了个人的独立性、个性,尤其是升学的压力。什么都整齐划一,我们只要按照既定的道路去发展,按照既定的大纲去学习就可以了,我们不需要考虑标准,学校也更不会考虑你的感受和意见。在这种专制教育情况下,很多学生的独立思考能力失去了,教育出来的人都是一样的。教育不是因材施教了,成了生产一个模型产品的工厂。

现在你上大学了,又恢复了你的人生主权。所以在大学里你要为自己做主,更多的考虑自己和内心。掌握自己的命运就从确立属于你的目标开始。

▶目标的作用

某年,一群意气风发的天之骄子从美国哈佛大学毕业了。他们的智力、学历、环境条件都相差无几。临出校门前,哈佛对他们进行了一次关于人生目标的调查。结果是:

27%的人没有目标;

60%的人目标模糊;

10%的人有着清晰但比较短期的目标;

其余3%的人有着清晰而长远的目标。

以后的岁月,他们行进在各自的人生旅途中。25年后,哈佛再次对这群学生进行了跟踪调查。

结果是这样的:

3%的人,25年间他们朝着一个方向不懈努力,几乎都成为社会各界的成功人士,其中不乏行业领袖、社会精英;

10%的人,他们的短期目标不断地实现,成为各个领域中的专业人士,大都生活在社会的中上层;

60%的人,他们安稳地生活与工作,但都没有什么特别成绩,几乎都生活在社会的中下层;

剩下27%的人,他们的生活没有目标,过得很不如意,并且常常在抱怨他人、抱怨社会、抱怨这个“不肯给他们机会”的世界。当然，也抱怨自己。

其实，他们之间的差别仅仅在于:25 年前，他们中的一些人就已经知道自己最想要做的是什么。而另一些人则不清楚或不很清楚。“哈佛故事”生动地说明了明确目标对于人生成功的重要意义。

确立目标有什么用，一些得过且过、走一步算一步的人生活过得也不错啊？是的，的确有一些成功的人在年轻时根本就没有什么目标、什么规划，可是他们现在一样功成名就。但是，只要你思考一下，就会发现，那些功成名就的人往往都出生于 20 世纪 70 年代前，在那个时代背景他们是不能左右自己的命运的，他们的人生轨迹都是自己无法左右的。但是在当今，个人对自己命运的影响起着很大作用。也就是，你对自己的控制力增强了。

资源有限，竞争加剧为确定目标、规划人生提供了可能性。社会上的所有资源都是有限的，如石油、粮食等生活资源，经理、总理等权力资源。在资源有限、人数众多的情况下只能靠竞争甚至是斗争来决定资源的分配，有些人处于统治阶层、特权阶层或经济强势阶层，那么他们是不用为资源而担忧的。所以，规划对于他们来说就是奢侈品。而对于大众来说，只能靠能力和实力来获取资源，此时教育是增强能力的一种有效途径。但是，人生是有限的，人的精力也是有限的。如何在有限的时间里获取到更多的资源呢？那么专注于一个目标，并且为此有效规划就是一个良好方式了。同样的人生，都是 80 岁的话，你没有什么目标，而别人有一个赚一千万的目标，那么他成功的机率就比你大。如果他能有效管理目标并且专注于目标一定时间的话，是很有可能获取比你多的资源的。总之，有了目标不一定就能实现，但如果没有目标那实现的机会就更小了。

▶目标的类型

人，生活在地球上，那么其目标也就有了如下分类：

国际化的目标：以全球、全人类为出发点，有强烈的人类精神。如马克思的共产主义事业，比尔·盖茨的援助非洲等。

民族化的目标：一个民族、一个国家的目标，如致力于汉语的推广，医保的研究等。

领域内的目标：可以是一个地域、行业领域内的目标，如你要振兴家乡，致力于大学生就业的教育等。

生活类的目标：关于家庭、情感、日常生活的目标，如为父母买个轿车，有套房子等。

个人类的目标：关于个人生活、学习、娱乐、发展等所有个体层面的目标，如给自己买件衣服，考试80分，去西藏旅游，当老板等。

要注意的是，职业目标仅仅是个人目标中的一种，但职业目标却会影响个人所有目标的实现。如果你赚钱的来源只有工作的话，那么职业就会起这么大的作用。因为，你所有的想法、目标都可以在一定程度上换算成一般等价物——钱，而你钱的来源又依赖于职业。

▶影响确定目标的因素

什么会影响你是否确定一个目标呢？

从个人角度来说：没有自省意识，时刻不关心自己所在何处、状态如何的人是甘于现状的。对目前的生活满意的人，不敢挑战自己的人，对自己人生没有定位的人，对生活无所求的人，甘于平凡的人，没有主见随大流的人等都不会主动地确立目标。

从外在角度来说：如果你生活在一个没有追求、不上进的群体中，你也会被群体所影响。如你的学校的风气，班级、寝室的风气等。身边人的阻碍、影响。如你有一个目标，但是你身边的人认为不现实，总打击你。最后也会导致你失去目标。或他们阻碍你树立目标，说目标有什么用，你轻信他人言就不树立目标了。不了解社会、职业、世界等，也很难树立自己的目标，因为你不知道都有什么。

▶确定职业目标的方法

首先要明确一下什么是职业目标。职业目标是你在职业上的追求、期望，如人力资源总监就是一个职业目标，而人力资源方面的工作就不是职业目标，而只是一个职业发展方向。

树立职业目标五种方法：理论、想象、情境、实践、榜样。

理论，就是在饱览众多职业后，根据自己的想法树立一个职业目标。简单的操作是，你可以去前程无忧招聘网站，看看那里所招聘的职位都有什么，一定要了解具体职位，在察看了职位描述和职位工作内容之后就可以初步确定目标了。此种方式只是在理论上确定了，其树立的目标并不一定是你所想要的。所以要大量阅读职位信息并就职位对照自身。

想象，这里的想象是指以你在生活中对所见听闻的职业的不完全了解来确定一个职业目标，具有很大的随意性和局限性。但这也是让你有一个职业目标的方法。晚上睡觉时多回想你的生活就可以了。

情境，是指你在参加具体的职业活动、行业活动、公司活动、社会活动中所形成的职业目标。在现实活动下，你可能会因为自己的一时冲动受启发，或颇有感受等，确定一个职业目标。多去参加各种活动，以增加见识和阅历。

实践，是指你在实习、实践中真实地体验到职业之后的感想，从而因为喜欢、刺激、感悟等来确定一个职业目标。你要实实在在地做事、做工作，假期要利用。

榜样，你可能因为以某位商业精英为榜样，就也想成为像他一样的人，那这个期望就是职业目标。

▶明确职业目标的特征

职业目标的明确性。职业目标是特定的，是在现有职业、行业或企业基础上的目标。它不能空穴来风，不能超越时代和现实。如总经理就不是一个职业目标，而日化行业的总经理或宝洁公司的总经理就是职业目标了。

职业目标的可实现性。你所确定的职业目标一定是现在有人在做或做过的工作角色。即现实公司中所有的职位。是要在了解职业世界的基础上才能作出选择的，你不能凭空造出一个职位来，然后以此为职业目标。

职业目标的个人喜好性。你所确定的职业目标只要对自己负责就可以了，而不要考虑或被别人的思想所影响。因为，人生怎么过，什么是幸福，只要你自己感觉到合适就可以了。也就是说，职业目标不一定要适合但一定要喜欢。

▶实现目标的途径

再长的路，一步一步也能走完；再短的路，不迈开双脚也无法到达。

1. 职业目标调研

因为你的职业目标是现实的，是既有的，那么在思考如何才能实现目标时，就要调研一个过来人或者现在就职者的成功轨迹了。如宝洁中国分公司的营销经理这个职业目标，在宝洁一定有做这个职位的人，还可以是从前在宝洁做过这个职位的人。那么对他进行职业访谈，看看他是怎么准备，怎么成功的。然后在访问几十人之后，就可以总结出一定的实现目标的途径。最后结合自身就可以选择一条最优途径了。

2. 不断地行动

目标就是力量，奋斗才会成功。古今中外凡在智能上有所发展、事业上有所成就的人，无不有着明确而坚定的目标。

英国前首相本杰明·狄斯累利原本是一名并不成功的作家，出版数部作品却无一能给人留下深刻印象。后来狄斯累利涉足政坛，决心成为英国首相。他克服重重阻力，先后当选议员、下议院主席、高等法院首席法官，直至1868年实现既定目标成为英国首相。对于自己的成功，在一次简短的演说中狄斯累利一言以蔽之：“成功的秘诀在于坚持目标。”明确而坚定的目标是赢得成功、有所作为的基本前提。因为坚定目标的意义，不仅在于面对种种挫折与困难时能百折不挠，抓住成功的契机，让梦想一步步变为现实，更重要的还在于身处逆境能产生巨大的奋进激情，使自己的潜能得到最大发挥与释放。

有了目标，要想实现，那么只有行动和努力。

在职业目标的建立及实现过程中又会凸显出职业目标四种人：一是没目标没行动，这种人不但没有职业规划的意识，也没有实干的精神；二是没目标有行动，这种人信奉计划没有变化快，走一步算一步，所以他们用实践打拼未来；三是有目标没行动，整天活在梦里的人，是颓废的代表；四是有目标有行动，想不成功都不行，因为老天怎么会辜负这种人。

你是哪种人？这由你的选择和努力而决定。

专业探索，打开就业的大门

专业，大学生四年里要努力学习专业课，但很多大学生毕业后所做的工作和所学的专业却根本不相关，导致四年的教育投资失败，从而在毕业时又要从头开始，无形中加大了大学生的成才成本。现实的转专业是比较困难的，如何利用十分自由充裕的大学时间就需要我们思考了。前车之鉴，与其闷头努力学习一个不喜欢或者毕业后不从事的专业，还不如利用三个月的时间给自己做一次专业探索，当我们能够确定喜欢或可能喜欢的专业时，我们才真正开始了大学专业学习，不要再荒废大学时间，不要将时间荒废在不喜欢的专业上，是专业探索的宗旨和初衷。

专业探索，其实就是在对本专业调研中了解专业毕业后能从事的职业，从而有效地规划大学生活。专业探索分为对本专业的探索和对自己喜欢的专业的探索，其实目的都是为了有效充分地利用大学时间来有针对性为就业而学好专业！

团体专业探索是指对某专业有共同探索需求的同学组成小组一起分工来做，目的就是在相互促进中将专业探索工作最快完成。

▶为什么要做专业探索

不要在自己不喜欢的专业上投入太多。大学四年如果努力学习一个自己不喜欢或者日后毕业后不会从事的专业，那对毕业后的回报就是零。看似充实的大学其实对未来的工作、理想没有一点充分而有针对性的准备，这会直接导致大学生毕业时所学非所做，所做非所能。专业和工作的不对口就产生了！

有效地学习专业。知道日后要做的工作需要学习什么专业，那就可以有针对性地学习专业。其努力和钻研的动力就不仅仅是奖学金了,而是为了实现日后的目标。

加深对自己的了解。我们成长中的很多错位、不适合就是因为对自己的不了解而导致的错误选择。因为不了解自己,我们选择了自己不喜欢的专业和学校;因为对自己的不了解,我们在大学漫无目的地虚度。在专业探索中,我们会进一步地了解在专业及其专业所决定的职业上,我们的兴趣是怎样的,我们的期望是怎样的。

▶做专业探索的收获

明确本专业自己是否喜欢和适合。在研究自己所学的专业中,知道这个专业自己是否喜欢,是否适合。如果不喜欢那就要赶紧探寻自己喜欢的专业。

明确本专业毕业后的就业出路。不能学了四年专业,还不清楚自己的专业毕业后能干什么工作。经过专业探索后就会知道本专业的日后就业出路。如果这些工作都不是自己喜欢的,那就没有必要再进一步学习专业,而要全力学习自己想做工作所要求的专业。

确定自己可能喜欢的专业。当知道自己不喜欢某一专业后,就要去探寻自己所喜欢的专业了,而专业探索的目的就是寻找自己喜欢的专业。

明确如何有效学习专业。找到了自己喜欢或者可能喜欢的专业后,接下来就要去努力学习了。但每个专业的学习思路和学习资源是不一样的,所以在经过专业探索后就会明确如何学习一个专业了。

明确专业和要做职业间的差距。其实专业是直接对应职业的。但很多大学生,尤其是没有经过专业探索的大学生不知道专业所对应着什么职业,就更谈不上了解职业的要求了。而经过专业探索后,就可以很快地进入职业探索流程,更重要的是为寻找专业和职业间的差距做了很好的准备。

▶做专业探索的时机

以下时段都是可以进行专业探索的时机：

大一入学时。这个时候进行专业探索，目的是更加有效地规划大学生活。而这个时候做专业探索也是最好的，因为有充分的时间，当自己还是一片空白时是最容易接受一些专业常识的。

大二迷茫时。经过大一的混沌后，尤其是在学习了专业课后，善于思考的学生就会对专业有疑惑了，这时也是进行专业探索的一个好时期。

大三实习时。大三实习时进行专业探索，实际上是验证自己的专业选择是否正确和是否真正学到了专业知识。另外就是为大四的考研做准备。

大四考研时。这个时候进行专业探索，主要是为了考研报名时的专业填报和为毕业后的第一份工作找方向。更多的是通过对专业的理论学习和求职体验来验证专业的适合与否。

研一入学时。高考是人的第一次转折和选择，考研是人的第二次转折和选择，所以再也不能重复历史的悲剧了。如果研究生对自己的专业还不感兴趣，那就很有必要在专业探索中锁定一个和未来就业相关的专业来学习和研究了。

▶做专业探索要付出的代价

4—12 周的时间，平均每天 2 个小时的网上搜索整理；平均每天 2 个小时的图书馆学习时间；花费组建和维护一个团队的精力；明确不少于 10 个专业的专业描述；访谈不少于 30 人的专业调查；编撰一本自己的专业选择手册；帮一个高中生做专业选择。

针对自己本专业（喜欢的专业）的探索，不知道自己喜欢什么。

专业的探索，专业探索直到确定自己喜欢的专业。

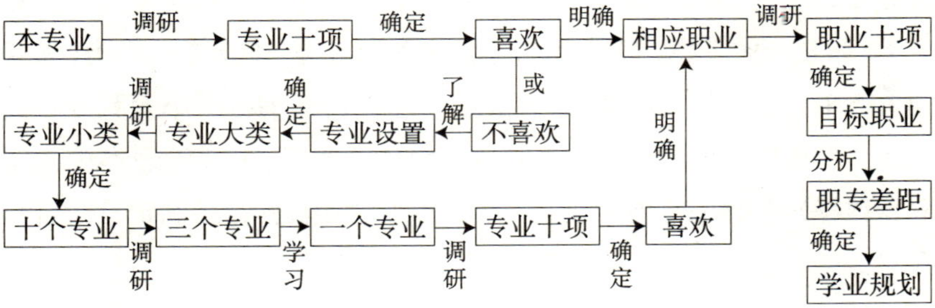

▶专业探索的核心任务

团体专业探索里有五项核心工作：组建和维护小组，专业十项的调研，十个专业的选择，三个专业的学习，确定一个适合专业。

1. 组建和维护小组

可以自己去寻觅组建小组，也可以组织者推荐组建小组，明确小组的核心任务，明确有效的小组分工，定期的沟通共享，求助组织者和杂志，一个尽心的组长，一定的赞美和奖励。小组的成立和运营主要在于组长，所以在小组组建初期，确立一个有为的组长是很关键的。

2. 专业十项的调研

专业十项调研是整个专业探索的核心任务。了解和确定一个专业都是应用此种方法的，包括最后形成的专业报告也是对其拓展。所以无论是个人还是小组，都要将完成专业十项作为第一目标。专业十项具体包括：这个专业是什么；这个专业都学什么；这个专业有哪些名校和名师；与此专业相关的专业有哪些；这个专业对社会和生活有什么用；这个专业毕业后都能做什么工作；学这个专业的牛人、名人都有谁，成就怎样；在这个专业领域权威的企业有哪些；学这个专业的上几届师长的目前状况怎样；怎样才能学好这个专业，学习的圈子和资源都有什么。

3. 十个专业的选择

如果你发现自己不喜欢目前所学的专业，就要探寻自己可能喜欢的专业;信息充分,浏览专业设置目录和说明;了解整体确定几个专业大类(如文、理、工、法、管大类);了解大类和专业,确定专业小类(如管理大类中分公共管理小类、工商管理小类等);了解各个小类和专业确定十个专业(如工商管理小类中的人力资源管理,公共管理类中的行政管理等);针对每个专业进行“专业十项”的调研;最后确定三个目标专业。

4. 三个专业的学习

专业的学习有以下要求和方法:自编一本专业通论教材;明确100个概念;抄写一本最厚的专业通论教材;制作一个专业学习和发展手册;拜访30个专业相关的人士;写一篇原创的专业论文;翻译一本外文的专业通论教材;一个月的专业相关工作实习。如果你能运用其中的三个方法坚持半年,那你一定是这个专业的小专家了。这也为日后的职业探索、职业定位打下了坚实的基础。

5. 确定一个适合的专业

专业的最后结果表现为确定一个自己喜欢和适合的专业,那如何掌握和衡量呢?这里有以下几个参考:熟悉专业通论教材;能写专业相关的文章;知道专业领域的最新活动和进展;能和专业领域的人士对话;明确专业的毕业出路;喜欢专业方面的书;总去听专业课并且很愿意发表言论;愿意和别人分享你对此领域的看法和见解。如果你有这其中的三条,那你有资格说你确定了你所喜欢的专业了。

▶学习专业的六个方法

抄一本书或编一本书。这是学习专业通论时的方法。抄书是去图书馆借一本关于专业的最厚的通论书,将之转化为自己的语言抄下来。当你抄完之后就是用自己的语言写了这本书,该忘的资料性的东西你都会记不得,但剩下的就会是你的思想。编书,是你通过互联网编一本通论书,你可以把图书馆借来的那本最厚的通论书的目录抄下来,然后在不看这本书的情况下利用互联网去搜集资料,这时候你会搜集到最新最全的资料，字数可能会上千万字。接下来你看看你借的那本书有多少字，假设有三十万字，那你就要把上千万字整理压缩到三十万字。这时才是考验你的时刻，因为你不能闭着眼睛删，你要整理、合并、改造、转换等。当你压缩完之后，你就可以把自己编的书和借的书对照一下。你会发现你的书比借的书还要全和新，此时你就可以联系出版社了。

访问一百个人。如果你不愿意抄书和编书，那你就可以在与专家学者的交流中学习。为什么在和人的交流中自己会学到东西呢？因为当你和一个老师、学者、教授、大师对话时，你要提问题。但提问题的前提是自己对访问人所研究的领域、问题有所了解，这样你就可以在了解访问人的研究方向中得到学习和积累。之所以要一百个人，就是要你学习的方面全一点，也是让你有机会多认识些人，为自己考研再深造做个铺垫。和大师、学者的交流学习是飞跃的，你会清晰地发现自己的成长是分阶段的，而且是很快的。提醒一点，和学者交流的前提是你和人家有共同语言，你要积累储备一些问题和知识才好去访问人家，否则就是骚扰了。

写一篇论文。适用于学习一门专业课程，论文式学习是最快的，也是最有成效的，而且会催生你自己的思想和观点。假设你是学经济学的，那当你学习经济学通论时可以采取抄书或编书的方法，当你学习微观经济学时，你就可以采取写一篇原创论文的方式学习。就是说，你学习微观经济学的方式就是写一篇这个领域的论文，这时你就会阅读大量的微观经济学方面的论文和图书。在写论文的过程中你学到的要比单纯去背一些概念和理论要有效得多。因为这时你是抱着发现问题和解决问题的心态出发的，而不是去考高分和背重点。

教一个人。当你学习一门新课程或新学科时，你可以选择教一个师弟的方法来促使自己学习和进步。因为你给师弟讲一节课，你自己可能要看一周书备一天课。所以这种方法也是非常有效的，既帮助了别人也让自己进步了。

组建一个学习圈子。教一个人是为了让自己多学点东西,而组建一个学习圈子是让自己找到志同道合的战友共同进步,彼此促进。大学里一个人是很难坚持学习的,因为人都是懒惰的,自己是很难每天都去图书馆的。所以组建个小团队,大家共同行动,共同研究和解决问题。大家是可以一起做出点事情的。当然人也不能太多,5 个人最好。

▶专业学习的十个境界

当你学习一段时间或者学了几年后,怎样判断自己学到什么程度呢?怎样判断自己所处的学习阶段呢?这里我给大家一个参照,专业学习的十个境界。

第一个境界是从别人的理论到别人的理论。这是大学生比较普遍的一种学习状态,这就是死背书的结论,重述的只是书上的概念、理论而已。

第二个境界是从别人的理论到自己的说法。这时你有了自己的解释,意思是一样的,就是表述的语言是你自己的。考试时记不住答案的回答就是如此。

第三个境界是从自己的说法到自己的感悟。此时对理论有了自己的认识,会用自己的理解来诠释、增减了,这里是有一些创新的。

第四个境界是从自己的感悟到自己的想法。感悟多了就形成了自己的想法,感悟阶段还是在重复别人的理论,而想法就是自己的理解了。可以这样区分自己的说法、自己的感悟和自己的想法。自己的说法可以用"换句话说"来理解;自己的感悟是"也可以这么说";自己的想法可以用"我是这样看的"来理解。

前四个境界还处于学习领悟别人理论的阶段,第五个境界以后就是建立自己的理论了。

第五个境界是从自己的想法到自己的理论。此时你会形成体系化的一系列想法,是你在此领域内的独立标志。

第六个境界是从自己的理论到自己的理论。这是指你在诠释自己理论时的照搬，尤其是在初期，你为了让自己的理论、独创的概念、见解完整地呈现出来，你往往会用很艰涩的理论术语来阐释自己的理论，另一方面也是为了完善理论而做着探索。

第七个境界是从自己的理论到自己的说法。此时你的理论也完善得差不多了，为了让听众很好地理解你的理论，你会将理论转化为平实的语言。这个转化就是用自圆其说的说法来解释自己的理论。

第八个境界是从自己的说法到别人的想法。到了这个境界之后，你就不再是单纯地讲解自己的理论，而是在考虑如何让大家更好地理解、赞同你的理论。所以这时你会考虑别人的想法，他的需要是什么，他的个性是什么，你会考虑用别人能理解的方式来解释你的理论。

第九个境界是从别人的想法到自己的生活。最高明的交流就是融入到生活之中的交流，此时你会结合自己的生活状况、现象来类比解释你的理论，这样别人很容易和你达成共识。

第十个境界是从自己的生活到别人的生活。到了这个境界之后，你在和别人交流时就不会急于表达自己的看法和阐释自己的理论了。你会很认真地倾听他的生活、他的状态，然后结合他的生活去类比解释自己的理论，用他生活中的方式与语言和他交流，真正做到了“言之无我，言中有我”的交流境界。

比较一下，你现在处于专业学习的哪个境界？

行业探索,发现社会一片天

行业探索,就是通过理论分析和实际调研的方式对一个行业进行全方位的解读。行业是社会分工的大类,通过了解行业能让个人很好地了解职业世界。

团体的行业探索,就是将对某一行业共同感兴趣的同学们组建一个小组,大家按照个人兴趣和情况去认领任务。在交流探讨中完成各自的模块任务,并且定期以任务为中心激励、交流,最后在共享成果中受益。即助人就是自助,自助就是自救。

因为我们发现,在职业探索上一个人是很容易被困难所打倒的。因为一方面个人的自我管理能力不够,另一方面职业探索活动是长期的事情。所以个人在没有引导、没有支持的情况下是很难坚持一段时间的。而不经过一段时间的积累是不能见效的,所以三分钟热情的同学往往最先开始探索,但也是最先放弃探索的。基于此,我们建议同学们,组建行业探索小组,大家分工认领任务,共同鼓励,最后完成探索任务。

▶为什么要进行行业探索

了解社会分工。行业作为社会分工的大类是可以在一定层面上反映社会和国家发展轨迹的,每个行业在社会和国家中都有特定的职能和作用,通过了解行业是可以很好把握社会发展方向的。

确定职业发展方向。确定行业是确定职业发展方向(定向)的关键。每个人只能在有限的领域发展,而及早确定日后要发展的方向,就可以集中有限的时间和资源去为目标努力,相应的成功机会也比较大,而且有利于促进自己找到天职。

了解职业发展领域。当你初步确定在一个行业发展时,通过行业探索是可以很全面、细致地了解这个行业的，也会更明确此行业的发展空间和发展方向。这样选择努力的空间也就更大了，为日后求职、跳槽都做了调研。

弥补个人职业差距。行业探索可以明确整个行业的发展趋势和通用素质要求，这就为个人补充入门和通用能力提出了具体要求，从而让大学生可以有效地规划大学生活。当职业差距足够小时个人也就可以从容地入行了。

▶ “行业十项”

如何了解一个具体的行业呢？经过我们研究，行业中有一些通用的研究因素，通过研究这些因素就可以很全面地了解一个行业，这些因素共有十个，我们称之为“行业十项”。

1. 这个行业是什么

一百个人对行业会有一百个定义，这个项目就是集众家之长，包括政府、协会、个人对行业的定义，每个定义都是对行业的不同层面的阐释，而定义又是很精辟很全面的介绍。所以深入仔细地搜集关于行业的定义、观点是十分有益于加深了解行业的。

2. 行业对生活和社会的作用及发展前景、趋势

这个项目是明确行业对社会和生活的作用。每个行业在社会中都是有特定功能的，所以明确这一点是有利于自身学习目标的。在知道行业对生活和社会的影响之后，就可以在一定程度上了解它的发展前景和趋势，从而可以在选择行业和确定发展方向时可以有长远的准备，也是社会价值的最大化行业一个方面。

3. 行业的细分领域

行业是大类，在行业内部还是有不同的分类，了解不同的行业分类有利于全方位了解行业。分类的标准决定了具体的分类，可以选择政府、协会的分类标准，以此为线可以很好掌握理清行业发展脉络，也是个人了解行业发展空间的重要依据。如金融业就分为银行、保险、证

券、基金等。

4. 国内外最著名的业内公司及介绍

当了解不同的行业细分领域后，就可以找到此领域的标杆公司了。标杆公司是此领域此行业的代表。当我们调研国内外的标杆公司时，我们所能把握的方向也是国际化的。同时可以对比国内外不同标杆公司的差距，这很利于自己了解行业核心竞争力。要注意的是要对每个行业的标杆公司进行不同程度的企业探索，从而让自己的行业探索落地。

5. 行业的人力资源需求状况及趋势

行业的人力资源需求状况是了解这个行业都需要什么样的人才。当我们盘点行业的需求状况之后就可以加速自己的职业选择，也为个人的职业定位（确定具体的职业）做出了可能探索。还要对行业的未来需求做个整理和分析，便于自己站在未来的角度作选择。

6. 从事行业需要具有的通用素质和从业资格证书

每个行业都有一定的入行要求，这些就表现为通用素质和从业证书。从业证书是证明通用素质的一种手段，如同法律的司法考试。一般来说，通用素质的适合是这个行业长期发展所决定的，具备了就比较容易入门和发展，否则就会出现问题。大学生可以通过掌握通用素质和考取从业资格证书作为入行的敲门砖。

7. 有哪些名人做过或在做这个行业

了解行业的标杆人物是进一步了解行业的很好手段。每个行业都有行业的代表人物，正如一说到房地产就想到王石。调研行业标杆人物的奋斗轨迹、目前状态等，可以加深对行业的了解，也为自己进入行业提供了一个参照。尤其是要调研曾经做过但现在不从事这个行业的一流人物，了解他们可以知道行业的风险和弊端，了解行业的失败人物可以全面透析行业，以免一叶障目，此项侧重研究他们是怎样成功和失败的。

8. 行业的著名公司老总或人力总监的介绍和言论

整理或访问行业老总、人力资源总监等的个人介绍、言论思想是职业访谈的一种高端调研。因为行业老总左右着企业的发展，人力资源总监左右着企业人才的招募，所以从两个层面来了解可以更全面了解行业的发展状态和人才状况，也可以进一步拓展行业知识，同时可以进一步扩大标杆人物。此项侧重他们是评价这个行业的现状的。

9. 职业访谈：一般职员、部门职员的一天

与行业高端人物交流是比较难的，尤其是行业的标杆人物，但和公司的一般职员交流就很容易了。这个访谈也是实际调研的主要部门，你可以和做过或正在做这个行业的一般职员交流，去询问他们以往的项目，在交流中验证和拓展你对行业的了解。尤其是要加强对你所希望从事的部门或岗位的人的访谈，这样可以让你有效地了解职业的具体要求。

10. 校园职位及大学生一般能力要求

当我们进行了行业的九项调研后，还要对我们大学生能够应聘的校园职位进行一个盘点。因为这个才是大学生可望又可及的。一些企业都有校园招聘，校园招聘中所列的岗位就是可以面向大学生的。你可以总结这个企业的三年来的校园招聘岗位。当你统计了十家企业招聘岗位后，就可以合并、整理那些岗位，从而在一定程度上了解行业的校园职位。每个岗位在招聘时都会列上任职资格，当你整理相同岗位的任职资格后就可以在一定程度上明确一般能力要求了。如你确定一个岗位（定岗）并按其任职资格去努力，那你在毕业后是很容易如愿以偿的。

职业探索，了解你未来的工作

职业探索，是对你喜欢或要从事的职业进行理论分析和实际调研的过程，目的是对目标职业有充分的了解，并在明确和职业的差距中制定求职策略，从而有效地规划大学生活。

职业，是每个人决定就业后必须要面临的选择，企业是我们的舞台，专业是我们的基础，职业则是我们的阵地，我们的能力更多的是在弥补职业的不足上。职业影响人生、职业决定人生，你的知识、学历、能力都是经过职业转化和实现的。

人职是匹配的，因为每个人都有天赋，所以天赋背后就是天职。在我们充分了解自我的情况下，我们就要找到自己的天职。天职就是我们的世界，天职是让我们安身立命、自我实现的基础。

▶为什么要进行职业探索

社会职业的广泛性。据最新统计中国目前有1864种职业，这么多职业到底做什么、自己适合什么职业，是不能仅仅依据自己学什么专业就做什么工作的，是应该进行探索，以便找到适合自身的职业。

人生的有限性。人的时间、经历是有限的，不可能做过几百种职业再确定喜欢什么职业，而且中国人的职业生涯的开始大多是仓促的，即当你没有准备工作时你就不得不工作了。而在大学四年里的时间是相对自由的，而且大学也是工作世界的最后一个集中学习阶段，花上几年时间了解职业、探索职业，为日后择业、就业而准备也是值得的。

探索职业的可能性。职业是可以通过探索而确定是否适合自己的。尤其是很多职业都是可以通过理论分析就可以得出结论的，不必每个职业都要亲身实践，这也是间接经验的好处，职业探索更多地通过理论探索来了解职业世界，但仍有必要实际调研以保证理论分析的准确性。

规划学业的有效性。大学怎么过？很多人是因为没有目标导致迷茫，而当对职业进行探索后就有可能发现所喜欢的职业。而自己与职业一定是有差距的，当你把补充差距作为大学努力的目标时，你就有了努力的内在动力，也就有效地规划了大学。

找到天职的可能性。人的天职是必须要经过不断的探索才有可能找到，而在大学里进行职业探索是有可能找到天职，只是要多进行一些探索。

►职业探索的流程

如果是个人：你自己做，也可以邀请三五好友一起来做。你只要确定一个你想探索的职业就可以了，至于这个职业是什么，和你的专业到底有多大关系，在对你职业世界所知不多的情况下是可以忽略的。因为，你自己来督促自己做职业探索，就是为了掌握探索职业的方法。所以第一次做职业探索时，千万不要在探索什么职业上浪费太多精力，重在如何探索职业十项，如何从十个方面全方位解读这个职业。当你完整地做过一个职业探索时，你就能对所有的未知职业进行探索，那时你就成为自己的职业顾问了。所以，初期还是要按部就班地把任务和方法掌握了。

如果是社团：无论你是什么样的社团，请统统从内部的成员开始推广这个活动，千万不要因为会长认为这个活动好，就向上汇报申请针对全校学生搞这样的活动。首先，会员才是社团的主体，这种有益的职业探索活动应该先从内部开始，先让内部会员都体验一下，也算是社团对会员的福利；其次，因为这样的团体职业探索活动在很多社团都是第一次搞。在内部搞，也是为了尽量让自身熟悉并可以及时发现问题，这样在全校推广时也便于把活动做到位。

如果是学校：如果你是学校就业指导中心，校团委，各院系团委等学生工作部门，是可以组织全校规模的职业探索活动的，可以在学期内主办职业探索月,或留作暑假实践作业,让学生在学校和我们杂志的配合下自己主动探索与了解各种职业,增强学生自身在未来就业上的问题解决能力。

▶ "职业十项"

1. 职业描述

职业描述,就是定义这个职业的内涵。具体包括职业名称,各方对其的定义。在罗列学习别人对这个职业看法后,你也要给这个职业下一个自己的定义,为自己的职业报告做好第一笔准备。职业描述是对职业最精的概括和总结,是透彻理解职业和调研职业的基础。其实给职业定义的每个字你都是要仔细思考的,因为日后你要做的事情全是对定义的拓展而已。如果不是最新的职业,一般来说都有固定的对职业的定义,可以参照联合国国际劳工组织、美国加拿大的职业展望手册,中国的国家劳动和社会保障部,很多职业分类大典都有对职业的详细介绍。

2. 职业的核心工作内容

每个职业都有核心的工作职责,职责背后对应的就是工作内容,说白了,就是这个职业一般都干什么活,什么工作是这个职业必须要做的。了解职业的核心工作内容,有利于了解完成工作内容背后的必须要胜任的工作能力,这样就很容易找到和自己之间的差距,所以,你补充的能力是有目的地要完成工作内容的。在多大程度上了解工作内容,是衡量一个人对工作的熟悉和喜欢的重要标准。成熟的职业都有权威人事部门给其总结确定的核心工作内容。一些企业的招聘广告中也有对工作内容的描述,也可以请教一些行业协会,或是做这个职业的资深人士。一般企业的人事部门和直接部门经理也有对职业的具体感悟。

3. 职业的发展前景及其对社会和生活的影响、作用

职业的发展前景,是国家、社会等对这个职业的需求程度,具体包

括三个问题，职业在国家阶段发展中的作用，职业对社会和大众的影响，职业对生活领域的影响。就是说，不仅仅要知道这个职业对国家、对社会、对行业有用，也要知道这个职业对大众、对生活的影响，人们对其的依存度和声望度。职业的发展前景，尤其是国家的导向是促进职业发展的黄金动力，知道你日后发展轨迹就好判断自己是否能切入及切入点如何选择了，尤其要注意对大众和生活的影响，因为大众才是永恒的。职业在国家发展中的作用一般都有劳动部门的权威预测，但对社会和生活的影响这块是真正要自己去调研的，要去访问这个职业的资深人士。

4. 薪资待遇及潜在收入空间

职业是社会分工的产物，职业根据参与社会分工的量来确定相应的报酬，在不同的行业、企业、岗位上还有一些潜在的收入空间。能赚多少钱是大家都关心的话题，很多人也会把赚钱多少作为择业的关键因素，所以在考量职业时要重点调研职业的薪资状况。其实每个职业都有极致，都有天价，起薪都差不多，但能力不断提升的背后就蕴藏着高薪。一个职业是有薪资调查的，如前程无忧的调查，还有诸如网友们的晒工资，天涯职场论坛上关于这样的声音还是很多的。

5. 岗位设置及不同行业、企业间的差别

岗位设置，一般来说是指一个职业是有一系列岗位划分的，如人事工作的岗位就分招聘、考核等很多具体岗位，而不同行业、不同性质、规模的企业对岗位的划分和理解也是有很大不同的，很可能同样都叫一个名字，但干的活却完全不一样。了解职业的岗位设置，能加深对职业外延的理解，知道职业的具体岗位后，就可以有针对性地与自己比较，也是知道职业的重要标志。不同行业对职业（岗位）的理解和要求也是有差异的，而具体的企业就是千差万别了。一般来说，人事权威网站、职业分类大典、业内资深人士是比较了解这些职业的具体岗位设置情况的。

6. 入门岗位及其职业发展通路

入门岗位是指针对应届毕业生的工作,职业的一些中低端岗位是面向大学生开放的。还要了解一个岗位对应的日后职业发展通路是什么,这个岗位有哪些发展途径,最高端岗位是什么等这些你都要知道。即使你不看好这个职业,但你最终也是要做工作的,而入门岗位就是提供大学生的敲门砖。所以,你一定要知道你能通过哪些岗位进入到这个职业。从企业的每年校园招聘里就能看到哪些岗位是针对应届生的,如一些校园招聘网站就可以找到这些信息。

7. 职业标杆人物

职业标杆人物,就是在这个领域谁做得最好,他是怎么做到的,他都取得了什么成绩,遇到了什么困难,具备什么素质等。每个职业都有一流的人物,无论是国内还是国外的。研究职业标杆人物,可以让自己了解他的奋斗轨迹,让自己在追星的同时加深对职业的了解,也会让你找到在这个职业领域奋斗的途径。当你在网上搜索这个职业时,一般就会找到职业标杆人物,图书馆也会有这方面的书,业内的资深人士都会知道的。

8. 职业的典型一天

职业的典型一天,更多是在访谈中完成的。你要知道这个工作的一天都是怎么过来的,从早上到回家的时间都是怎么安排的。了解职业的典型一天是判断自己是否适合这个职业的重要指标,如果你不想过这个职业那样的一天,就不用再为之努力去学习去准备去做这个职业了,所以这个过程是很关键的。尤其是这个工作对你个人生活的影响,看你能否接受。职业的典型一天,在职业的核心工作内容中会有涉及,但具体到个人的资料就不多了,所以更多的还是要你去采访做这个职业的人,这样也才更真实。

9. 职业通用素质要求及入门具体能力

职业通用素质要求是指从事这个职业的一般的、基本的要求。主要是个人通用素质能力,就是能把这个工作做好所要具备的能力。通过对职业的外在素质要求的了解,对比自己是否能够胜任,还有哪些要加强和补充的能力,从而可以将之规划到大学生活里。其实每个岗位的岗位描述中的任职资格都有介绍,只是这次要把其整理出来,尤其要加上职业访谈中的内容,列出十项最常用的能力,然后与自己一一对照,可以促进发现和认识自我。

10. 工作与思维方式及对个人的内在要求

工作方式和思维方式是你做好做精工作的保证,有些二作对人的内在要求是很高的,如态度等,这些是从你的内在来判断你是否适合和喜欢一个职业的核心标准。从内在出发来判断是否喜欢是科学的,因为职业是客观的,只是因为你选择了职业才会有是否愿意做、适合做等问题的产生,所以当职业的方方面面考量之后,最后一关就是对职业所要求的内在盘点。岗位描述中的任职资格也会有对其内在素质的要求,还有业内普遍认为的个人素质,还要考虑不同行业、不同类型企业的差异。

企业探索，理解你未来工作的场所

企业探索就是学生通过理论分析和实际调研来对自己喜欢的企业进行十个方面的全方位解读。

其实大学生就业，就是就企业的业。如果在你毕业时有企业要你，那你的就业就不成问题了，但现实情况是很多大学生因为处于象牙塔内，对企业很不了解，从企业的创始成立到企业的产品战略、经营手段、人力策略等统统都不明白，导致在求职时不能很好地针对性地制定求职策略，从而产生一份简历包打天下，求职海投简历的现象。所以在校期间有针对性地了解企业是踏上职业之旅的重要一步！

▶为什么要进行企业探索

了解企业，对于大学生来说有以下几个好处。

争取实习实践机会。目前企业招聘时很注重有社会实践、企业实习的学生。因为这样的学生更深地了解社会和企业，具备企业所需要的一定能力，能缩短企业的员工培训周期，加快适应企业节奏，有效地投入生产劳动，为企业尽快地创造了利润和价值。而了解企业是博得企业实习机会的有效一步，每个企业都希望员工能够了解企业、认同企业并能和企业一起成长的，这样有准备的员工是深受企业喜欢的。

为日后就业奠定基础。其实大学生就业就是找到一家企业接受你，所以如果你能在大学里一年、两年、三年如一日地研究与关注一个企业，为其默默地积累、储备，那毕业时是很容易进入这家公司工作的；即使去不了目标公司，那去公司的竞争对手，去目标公司下一流的公司也是很轻松的。所以想去500强企业的大学生现在就要早准备了。

了解自我的一种方法。没有和外在世界互动的了解自我是不科学的，当我们和职业世界不断接触时，我们才会在变化中、冲突中加深对自己的了解；就是说，当你还没有上路时，你是无法作出喜欢哪类企业，不喜欢哪类企业的判断；你必须要对一些有所了解有所实践后才会最终发现自己的职业目标。

有效规划大学生活和明确学习方向。当我们刚上大学时或当我们对大学生活无从规划时，那确立一个自己直觉所喜欢的企业为目标是能够促使你有效安排大学生活的。当然这个企业更多是你的直觉，但有一个目标企业就可以促使你发现和企业、职业、职场的一些差距的。当你为弥补这些差距而努力时，你就是在塑造职业能力了，虽然你最后没有去目标企业工作，但你的努力方向是对自己未来的职业生涯有所支持的。

结识建立人脉。中国是人缘社会，职场发展在一定程度也靠贵人的提携，所以在校时通过探索企业去有意识地结识些企业人士是有好处的，说不定你现在访谈的职员就是你未来职业发展上的贵人呢，而这些企业人脉对你的实习、就业也是一种很大的支持。

▶企业探索的流程

当你有就业意识时，从你意识到就业时，意识到就业要早准备，你就可以开始企业探索了；当你要去实习时，你想通过实习增加工作经验时，也是开始企业探索的好时机；当要去就业时，毕业生要找工作时，虽然没有时间去做相应的改变，但也是加强了解企业的一个开始，毕竟人生不能总因为同样的错误而失败，况且这对日后个人定位职业方向也是一个很好的开始。

探索企业是一个有规律的阶段过程，企业探索的结果表现为明确自己喜欢某个企业。

▶企业探索的核心任务

团体进行职业探索，有以下几个核心任务：组建和维护小组，“企业十项”的调研，十个企业的选择，三个企业的研究，确定一个喜欢的企业。

1. 组建和维护小组

个人可以自己去寻觅说服组建小组，有举办方的活动可以由组织者组合推荐从而组建小组。明确小组的核心任务（“企业十项”），明确有效的小组分工（大家协商），定期的沟通共享（建议一周/次），有问题时求助组织者和杂志，小组的成功需要一个尽心的组长和成员间即时持续的赞美和奖励。

2. “企业十项”的调研

“企业十项”是指从十个方面去了解企业：企业的简介历史（企业何时成立的、对外的介绍是什么），企业的产品服务（企业的核心产品、产品线或服务是什么），企业的经营战略（企业的发展战略、经营策略是什么），企业的组织机构（企业的规模，企业的部门设置是怎样的，都有什么岗位），企业文化（企业的文化和人际关系是怎样的，企业的工作方式是怎样的），企业的招聘人力（企业的人力资源战略和规划是什么，企业的校园招聘的途径和职位是什么），企业的薪酬福利（企业的各级待遇是怎样的），企业的人物员工（企业的创始人、现任领导、现任高层、核心员工、目标部门主管和员工、企业以往员工），企业的图片活动（企业大的活动、企业和人的图片），企业的其他文件（不便分类的其他文件）。

3. 了解一个企业——“企业十步”

了解“企业十项”的方法是“企业十步”，第一步是百度其公司名称；第二步是记录公司网站并去浏览各条目；第三步是查看公司对外介绍或员工手册；第四步是通过了解其所在行业来对比该企业地位及各部分情况；第五步是调查使用公司产品或服务的顾客；第六步是加入同业论坛或圈子，调查同行对其公司的看法；第七步是以客户身份去体验公司服务和了解公司；第八步是查看所有关于该公司的新闻报道，了解第三方评价；第九步是和其员工或前员工了解情况；最后一步是自己制作公司的详细报告。这只是一个从无到有的通路方法，具体的行动步骤和方法还是要结合具体阶段的任务的，否则就僵化了。

4. 十个企业的选择

当你以企业调研报告的形式完成对目标企业的调研时，你可能会发现自己不喜欢目前所调研的企业，那么你就要重新开始企业探索了，以便确定自己所喜欢的企业。你可以通过了解世界500强企业、中国500强企业等方式来确定几个模糊喜欢的行业然后依照行业来选择喜欢的10个企业（为了样本全面，决策科学，建议尽量确定十个行业），然后重新开始对每个企业进行“企业十步”的了解，在形成十个企业的调研报告后确定比较喜欢的三个企业。

5. 三个企业的研究

“企业十步”的了解是不全面的，在我们确定三个目标企业后，我们还要对每个企业进行“企业十项”的调研，最后结果以自编一个企业的员工手册为标准。具体量化是了解企业的核心产品或服务；知道企业的制胜之道；拜访20个企业相关的人士；一篇原创的企业研究分析论文；为企业的某一问题提供的解决策略方案；还有一个月的企业相关工作实习。

6. 确定一个喜欢的企业

在对三个企业调研之后，我们就可以作出喜欢一个企业的选择了，但在衡量“喜欢”上，我们有些具体的标准：熟悉“企业十项”；能写企业相关的文章；知道企业及其行业的最新活动和进展；能和企业领域的相关人士对话；明确企业的校园招聘；喜欢看企业相关的书；总去参与企业或行业的相关活动；愿意和别人分享你对企业及此领域的看法；愿去企业工作并确定在企业的长期发展目标。这些都是你确定“喜欢”的一些表现，如果你具备三个以上的表现，那恭喜你：你找到了自己喜欢的企业！

岗位探索,看准你未来工作的位置

岗位是公司运作的职能部门下的一个具体位置,是最基础的。公司的招聘都是招聘一个能做岗位工作的人,这就是我们生活中所指的找工作的含义。你看到的招聘信息就是一个具体的岗位。

岗位探索就是岗位本身和影响岗位发展的因素的调研。对岗位进行探索是大学生求职的第一步,对岗位的明确把握,可以让大学生在应聘时更有针对性,也会在了解岗位的基础上加深对自己的了解。岗位是你的阵地,当你要占领一片阵地时,你一定要对阵地有全面、准确的了解,而这种了解的方式就是探索、就是调研。

什么时候要进行岗位探索呢?求职时,当对一个公司的岗位发生兴趣时,就应该对这个岗位进行探索。确定职业目标时,要当什么人,怎样达成目标都要在了解岗位的基础上。转换工作时,对下一个要应聘的岗位进行详细的理解。

▶岗位探索的内容

一个完整的岗位探索包括十个方面、四个层次,分别是岗位描述、岗位晋升通路、背景下的岗位要求、个人与岗位的差距。

岗位描述,是对岗位的定义、工作内容及要具备的素质,这是岗位的基本内容,是理解一个岗位的最直观方面。

1. 这个岗位是什么(岗位的一般定义)

社会上对每个岗位都有一定的、通用的看法,这是大家普遍赞成的定义,这个一般是权威部门所下的。但是一些专家、学者、老总、HR 等从业人士又对其有具体的、个性化的看法。应该说,对岗位的不同理解是没有对错之分的。大学生在探索这一步时,要把握的就是尽量全面地了解各方的看法,然后综合起来形成自己的看法就可以了。

2. 这个岗位做什么（核心工作内容——典型的工作一天）

每个岗位都有其核心的工作内容，大学生在探索岗位时主要的就是要搞清楚这个岗位的核心工作内容，其具体表现为要为公司、部门做哪些工作，在量化了核心工作内容之后，大学生就可以依据工作内容来判定自己是否能够做好以及自己是否喜欢做了。了解岗位核心工作内容的最好方法就是调研几十个做这个岗位的人，问他们典型的一天工作是什么，然后综合整理出来就是了。

3. 这个岗位要具备什么（岗位胜任素质）

要完成岗位的核心工作内容就要具备一定的职业能力、态度等，其综合就是岗位的胜任资格。具体表现为知识（教育背景）、能力（经历、培训）、态度（道德等内在素质），当然具体的要求还要结合所在的行业、企业以及领导、上司对其的具体要求等。这个你可以通过上网搜索到三十个同样岗位的招聘信息，然后合并其岗位要求部分就可以了。

4. 谁做过和在做着这个岗位（过来人的看法）

和在做这个工作的人或做过这个工作的人交流是具体了解岗位很好的方式。一方面可以进一步明确、加深、补充你对这个岗位本身的理解，另一方面也可以得到过来人的一些经验、忠告。应该说，这个方面的目的主要是了解已经工作的人对岗位的理解，最大化使自己能够全面地了解岗位，也为自己科学地选择岗位做好准备。这个工作的最大问题就是找到人并能得到人家的支持，没别的，软磨硬泡、感恩坚持好了。

岗位晋升通路，岗位是在职能的基础上根据具体需要而分化产生的，所以在同一部门、同一职能上一定会有多个类似的岗位，而了解这个岗位能为自己岗位轮换、工作转换、升职等带来很大的方便。

5. 和这个岗位相关的岗位是什么（拓展发展方向及为轮岗、转换工作做准备）

一般来说，在一个部门里是有众多职能相同工作，相似岗位的。如招聘专员的相似岗位就是人力资源部门的众多岗位，培训专员、考核专员等。大学生对相关岗位进行同样地岗位探索，有利于大学生全面了解部门职能，有利于大学生多方面培养能力，有利于大学生进行岗位轮换和工作转换，也有利于大学生进行职业选择和个人定位。

6. 这个岗位的职业发展通路是什么（岗位的晋升方向）

一般来说，一个岗位是有其固定的晋升通路的。如招聘专员——招聘经理助理——招聘经理——招聘总监等，但具体的晋升岗位和通路要结合企业类型和企业所处的发展规模，很可能一些中小公司的招聘专员就负责整个公司的招聘工作。大学生搞清楚自己的岗位在雇主里所明确规定的晋升岗位和通路是很有必要的，知道自己的下一步是什么工作，达到什么标准就可以升职是有利于激发个人热情和信心的。对于岗位发展通路不明确的公司，没别的办法，就是找领导谈。

背景下的岗位要求，岗位的通用要求加上不同背景下的岗位理解构成了一个岗位的最终描述，大学生在求职时要特别考虑以下因素，因为这些因素才是制约你在公司发展的关键。

7. 不同行业对这个岗位的理解是什么（行业背景下的岗位要求）

隔行如隔山是对岗位不同理解的最好注释。同样的一个岗位名称，在不同行业里完全有可能做不一样的工作，当然这里有乱用岗位名称的人的过失，但在客观上也是存在一定异同的。这里给大学生的借鉴就是，如果当你要应聘一个具体岗位时，要看看那个公司所在行业是什么，然后在百度上多调研一下这个行业对岗位的具体要求就可以了。方法也是整合这个行业的同类岗位招聘信息，然后综合比较一下就可以了。

8. 不同类型企业及企业所处发展阶段对这个岗位的理解是什么（企业背景下的岗位要求）

不同性质的企业，如外资、国企、私企等性质完全不同的企业对岗位的理解也是大相径庭的。企业所固有的传统和文化也在左右着名同活不同的岗位，这一点大学生要留心。还有，企业所处的发展阶段、发展规模也是影响岗位理解的关键因素。相对来说，大企业就正规一些，而小企业就随意一些。了解企业背景下的岗位理解的方法是整合同类企业或同规模企业的招聘信息，然后在比较中就可得知，各大招聘网站上的公司人数就是一个衡量企业规模的不错方式。

9. 不同领导和上司对这个岗位的理解和要求是什么（人为背景下的岗位要求）

虽然业内对一个岗位有其通用的要求，但还是要考虑公司领导、部门和上司对岗位的具体理解和要求，毕竟你是在在这个公司发展的，毕竟你是要一个具体部门并听从上司的安排的。领导和上司的个性化、个人化要求有些是不能具体量化的，如领导让你帮他汇个款的私活。这个你就要具体参照你要应聘的那个公司了，如果你的目标不明确，就可以参考一些行业和企业对其的通用要求；方法也是查看多个同样岗位的招聘信息。

个人与岗位的差距，当你综合了岗位要求之后，就可以进行差距量化和差距补充阶段了。

10. 你与目标岗位的差距是什么（综合的岗位要求）

全面、准确地了解自己是量化与岗位差距的前提和基础，这个要得益于自我探索的成效。差距是可以量化的，如组织能力不强，英语口语好等。如果差距不量化就不能明确地行动，那么补充也就没有针对性。当然，也有可能一些大学生在对岗位进行不同背景下的探索时就已经放弃了对这个岗位的追求。总之，适时的总结、反思是有助于量化自己和岗位的差距的。

职业访谈，解读职业世界的捷径

职业访谈，是指大学生集中利用节假日时间对已经工作的人进行的职业调研，其主要针对职场中人，访谈问题有其较固定的结构，访谈可以为电话、当面、网络等各种形式。职业访谈是大学生了解职业世界的一种有效方式，是向过来人取经的一种经验传承式学习方式，是实践、互动、体验性学习的新模式。

▶为什么要进行职业访谈

1. 了解一个职业

通过和做那个职业的人交流，是可以在一定程度上了解一个职业的概况的。但如果你想深入了解一个职业，你在访谈时一定要多访问一些人，从这个职业的最低岗位到最高岗位的人你都要访谈，而且还要涵盖不同行业、不同类型企业及不同发展阶段的企业，这样你进行的职业调研才够全面和深刻。当然了，大学生在了解一个职业时，只要能够调研与职业有直接关系的十个人就可以了。

2. 确定职场贵人

职场贵人可以指引我们了解职场、了解职业世界，是和学业导师一样重要的引路人。如果大学生能在大学里确定一个职场贵人，那你在大学里将比别人了解更多的职场规则塑造更准确的职业能力，是让自己跨上职业发展高速路的一种有效手段。但在国内，还没有形成一种普遍的职业传帮带制的职场探索观念和氛围，所以大学生自己要想找到自己的职场贵人，只能通过与更多已经工作的职场人交流、接触，在和众多职场人交往过程中确定自己的职场贵人，从这点来说，确定与找到自己的职场贵人带有很大的偶然性，但只要我们坚持，我们如能在大学里和100名职场人交往，那是非常可能确定自己的职场贵人的。

▶什么人应该做职业访谈

1. 对职业所知不多的学生

如果你还未走进社会，或者你只做家教之类的社会实践，那你就应该进行职业访谈了，通过访谈更多的职场中人，可以加深你对社会和职场的了解。

2. 打算找实习的学生

如果你暑假打算找实习，但又不知道怎么找或者找不到，那你也应该做职业访谈。通过人脉关系来落实实习是一个有效的手段，但很多大学生只认识很少的公司和人，导致没有关系不能实习。对于大学生来说，没有关系就要创造关系，而职业访谈就是拓展你的人脉的一个好的方式，一方面你通过交流加深了对职业、职场的认识，另一方面也认识了一些职场人，而当你和他进一步交流、交往中说不定就有实习机会呢。如果没有这个职业访谈的理由，会有哪个陌生的职场人愿意和你坐下来交谈呢？

3. 不知道自己能做什么工作的学生

很多大三的学生已经意识到了就业的压力，但他们不知道自己能做什么工作、自己喜欢什么工作。出现这种问题的原因就是大学生对职业知道得太少了，对职业的了解太少了，而职业访谈可以让你知道有什么职业，每个职业都是做什么的，什么样的人适合做这个职业等，这样你就在一定程度上完成职业探索，而且很有可能在访谈中你确定自己毕业后要做的职业。

4. 确定自己毕业后直接工作的学生

如果你确定自己毕业后直接就工作，那你就更应该来做职业访谈。毕业就工作，其实是需要一个过渡期的，就是说你从校园人过渡到职业人是有条件的，是一定要经过社会化的，是要先满足社会人的；而职业访谈就是你走入社会、了解社会的一种有效渠道，你不但走出了校园进行社会实践，而且也在实践中了解了各种职业，是一举两得的双赢；而且你在职业访谈中会很快树立自己的职业目标和职业发展方向，这对你有效规划大学顺利就业是十分有益的。

5. 想走在别人前面的学生

要在同样的时间（大学四年）同样的基础（大家的先天素质差不多）下超越别人，让自己脱颖而出，是需要提前充分准备和努力的。如果将毕业时的就业状态作为衡量优秀与否的一个方面的话，无疑早了解职业、早规划职业的学生是占据先机的。因为你不能一辈子待在学校（除非你确定自己从事老师工作），必须是要去社会上工作的，那早点了解职业、进行职业访谈也是一个让自己加速的有效手段。很可能当你在和一个部门经理在交流时，你的同学还在玩游戏呢。

►职业访谈的对象

1. 职场中人，尤其是工作四年以内的人

职业访谈的定义就是访问已经工作的人。尤其是刚工作几年的人，他们的经验对我们最有参考价值，因为他们走过的路，我们正在走或即将要走，而且时代的同一性、背景的趋同性，经历的一致性都是差不多的，所以一定要多访问这样的人。当然也要访问其他的职场人，只是他们的经验是我们这个年龄有些无法理解，但为了保证全面性还是访问的，只是比例要小一些，大我们几年的人很可能是我们的学长，这点可以在院系老师那里得到一些帮助，尤其是我们本院系本专业的学长一定要多留心。

2. 企业的 HR，尤其是部门经理

企业的 HR 了解一个企业及行业的用人要求，访谈他们可以让我们了解更多的职业知识，而且很容易建立日后的实习联系，但要注意访谈的岗位一定要多是针对应届毕业生的岗位，这样才更有学习的参照，其他高端岗位可以作为自己的努力方向。企业的部门经理也是重点访问的对象，因为他们对具体的部门及具体的岗位要求比 HR 更清楚，尤其是职业的具体工作内容和所需能力素质，而和部门经理搞好关系，对自己未来的实习、学习等都是很有帮助的。

3. 企业的老总，尤其是中小企业的老总

访问企业的老总一般来说是比较难的，因为他们通常都很忙，要为整个公司的发展而思考。正是这样，大学生也要突破一切困难，最少也要和几个老总聊聊，因为这样便于你从整体、从企业战略的高度了解企业、职场，以免自己的视野不宽阔而误解职业的功能和作用。采访中小企业的老总相对来说更容易些，一方面他们相对工作没有那么忙，另一方面中小企业才是容纳大学生就业的主要单位，所以，多访问中小企业的老总是对未来的求职很有帮助的。

4. 职业顾问，尤其是一家之言的专家

职业顾问，尤其是细分行业或职业的顾问，对职业的研究是很深的，大学生在访问他们时是可以综合性地了解一个职业的，虽然国内的职业顾问还不是很多，但这一环是绝对不能少的。去百度上搜索一下还是可以发现一些的；这里尤其要访问的是有一家之言的职业顾问、学者，他们是这个领域的真正研究者，是有自己的思想的，这样的顾问是一定要访谈的，而不要仅仅盯着他在哪里工作过，因为他在那方面强但不能证明他在职业方面也强，很多国人就是犯这种一俊遮百丑的错误，导致自己得不到很好的帮助。

▶怎样进行职业访谈

1. 找到人

找到人被大学生认为是很困难的一件事，但仔细想想其实这也是不难的。比如自己院系老师的推荐，父母亲人及他们的朋友，各种职业QQ群，各种专业论坛，博客，网站等，只要是可以提供交流的平台，就有已经工作的人，只要你多问问，是很轻松就可以找到人的.只不过让人家马上答应你的访谈是有点难的。

2. 确定人

其实确定人远远比找到人难，因为你找到的很多人都是陌生人，而人家又不欠你一个访谈，所以如何运用“伎俩”让人家答应你的访谈才是能力的体现。一般来说人都是友善的，大家都是愿意接受积极进取的热心青年的，尤其是你的请教曾经是他的专业遗憾时，他更乐意帮助你。所以，感谢是第一要素，共情是关键因素，赞美是促进因素，掌握好这三点，再辅之以较短时间如 15 分钟等的约定是很容易确定访谈对象的。

3. 准备好访谈

当你拿到人家提供给你的 15 分钟，一个小时的时间时，你不要以为就行了，你要体现这些时间的价值尤其是让人家感到有价值是很难的，不能在闲聊中浪费人家的时间，否则人家也是不满意的，所以制定一个访谈提纲就很重要了，具体内容可以参照下文里的访谈内容的介绍，但一定要注意的是你的问题最好不要超过你所约定的时间，除非人家愿意并主动提出延长时间。

4. 正式访谈

正式访谈时，准时是第一要求，包括准时开始与准时结束；在访谈中如果人家明确表示不愿意或不耐烦，那你一定要及时结束，因为这里的问题一定是自己的，所以你要回去总结，而不能无效地僵持。与其在不愉快中拖延到结束，还不如主动离开少占用别人的时间。所以在正式访谈前的预演就很重要了，如果可能最好能找个伙伴一起做演练。

5. 汇报与感谢

无论你是以什么样的心情和状态结束访问的，事后你都要将访问的记录和个人的心得提交给人家，一方面是对别人的价值肯定，另一方面也是让人家给你具体的建议与评价，同时也是自己有礼貌的表现，要注意的是，一定要把自己的心得写下来，还要表示对人家的感谢。

▶职业访谈的内容

访谈对象的基本情况。包括他现在哪个单位工作，做什么岗位、什么职务，他的个人基本信息。

他的工作状态。包括他是怎样找到或做到这个岗位的，他平常的工作一天是怎样的，岗位的核心工作内容和职责是什么。

入职的任职资格。包括他认为这个岗位或职业的核心知识、技能及经验是怎样的，什么样的证书、培训是做这份工作所必需的，个人什么样的素养和品质是此岗位的必备，大学生及你个人在大学期间如何准备才能更容易进入这个工作领域（前提是让访谈对象充分了解你）。

职业的发展前景。包括这个职业的一般薪酬标准和潜在收入空间，这个职业的一般晋升发展路线是什么，这个职业在全国乃至全球的发展前景怎样，这个职业相关或相似的职业有哪些等。

▶职业访谈的注意和忠告

找人是个问题，但不是影响你做不做职业访谈的决定性因素，其实当你做了之后就会发现，如何问出你想要的答案才是最难的。

你提出的问题是要仔细思考的，不能不经大脑。

确定贵人是偶然的，但如果你不去访谈，贵人是不可能自动且主动地来找你的。

你最少要访谈十个人，其实对于你充裕的暑假来说，即使访谈三十个人也是不成问题的。

访谈不一定就是见面聊，电话、邮件都可以的，但尽量不要 QQ 交谈，那样太浪费人家的时间，况且也说不清楚。

整理录音或记录文字是件繁琐的事，但这是你必须要做的事情，除非你让人家给你用文字作答。

你最好搭个伴，这样当你们一起敲陌生人的门或者访谈时都会有个照应，更重要的是鼓励你能够完成此次职业访谈作业。

第三章

大学时代，职业生涯规划正当时

◇学什么专业，什么时候学都不要紧，要紧的是为什么去学，有没有兴趣去学。

◇人因目标而伟大，我因梦想而不同！

◇职业的探索要从大一时开始和准备。

◇毕业后想做哪个工作，现在就开始关注和准备吧！

大学里的十种傻学生

中国的部分大学跟大学食堂里的大锅饭一样,学生也是可以批量生产的,只要招生过了关,大学四年就可以不管不问任其自生自灭。只要不让学生暴动,那什么问题就都不是问题了。大锅饭式的教育成就了现在的大众教育,什么优秀、质量,全都跟着学费一起进肚里了。

就是在这种近乎残害个人发展的教育环境中,产生了一些傻大学生,他们并不是智力有问题,而是思维方式有残缺。让我们大家一起查看一些这十类傻大学生吧,从中也验证一下:你自己是其中一员吗?

第一种傻学生:课程不好就不上,白交学费了

这种人在大学里可有不少啊,因为学校开的课程自己不喜欢学或者老师讲得不好,他就逃课,以为“我走我路”很酷,其实是在伤害自己,而且是最傻的。

学校开的课一定是有其用处的,当然不排除一部分过时的课程。可是作为第一次学习这门专业和课程的新人来说,你有什么资格说不喜欢呢?尤其是在你连自己的专业是什么有什么用等都说不清的情况下,所以,当你理解不了时还是先听学校的安排,认真去上课吧。其实,如果你真的用心去听一门课,再去多看点相关书时,你就会发现这门课还是有其用处的,只不过因为你自己了解不多和不深,还理解不了而已。

你上的课是要花钱的,你上一节课就是赚一节课的钱,你是在开学之初将学费一次性交齐的,所以你感觉不到上课花钱。可是你不能因为没有意识到,就浪费父母的钱啊。如果将教育看作投资的话,那你的回报在哪里呢?这是需要所有逃课学生思考的事情。

如果,真的是老师授课方式方法的问题,你应该去谋求老师的改变,你可以通过给老师或给院系提意见,即使最后老师没有采纳和改变，那你也不能不去学这门课程。课程是固定的、有用的，如果授课的老师不好，那你可以不去听老师，但也要把课程学好，这才是学习之道。希望那些因为讨厌老师而放弃课程的同学有些思考。

如果你还是选择逃课的话，那请你一定要做些与这门课程或自己专业或对自己发展有益的事情，而不应该是在睡大觉或是玩游戏。

第二种傻学生：没有目标地混，来大学为了啥都不知道

整体的迷茫是这一代人的通病，但对于高学历的大学生来说，到了大学之后，还没有自己的目标那就说不过去了。

对于没有目标的人来说，是很容易随波逐流和放弃努力的，也更容易被外在诱惑而改变目前的一切。这正如你在大海上航行，如果没有目标的话，那什么方向来的风对于你来说都是逆风。所有的大学生都应该搞清楚以下几个问题。

你为什么要考大学？在你的一生发展之中，你是不是非上大学不可呢？如果不上大学你的人生会怎样呢？也就是说，你要搞清楚大学对你人生的作用和意义是什么，而不是仅仅因为你父母要求你上大学或你看到大家都上大学你也上大学。

在大学里你要得到什么？如果你的目标必须要经历上大学的话，那么你就要提出对大学的量化要求。你都要学到什么、得到什么，将这些目标都写下来，等到毕业时回头看，你就知道自己有多成功了。如果，你是属于没有目标就上了大学，而上了大学也没有目标的那类人的话，现在最为紧迫的就是确立一个目标了。你可以以毕业后要做什么工作为目标，那么在分析时你就会发现自己的差距，那么你的大学也就有了折腾的依据。

总之，没有目标的大学是可怕的，是无聊的，更是荒废的。所以，即使树立一个自己都不相信可以实现的目标，那你也要确定它为自己的目标，然后在大学努力再努力为之准备。谁又能说当你坚持了五年、十年、二十年，当初在大学里树立的目标不会成真呢？

第三种傻学生：有时间时就去潇洒，不为未来着想和努力

大学是人生最后的一段集中学习和改变自己的时期，过了这几年，你的人生都将在工作和忙碌中度过了。那时候即使你有时间也没心情了，所以，格外珍惜和最大化利用这段不可再生的时间是每个人都要考虑的问题。

大学是你可以有时间和精力、能力改变自己的四年。如果你有一个很好的理想却因为能力不够，那么这段时间就是你最好的改变机会。如你的英语口语不好，那么在大学里辛苦练习口语就是你的目标。这两个重要性很多人都没有认识到，再加上没有人生目标，直接导致了很多大学生随波逐流、随欲而为，没有课的空余就是他娱乐的所有时间，上课和考试成为了他们要应付的最大问题，其余的就是让自己舒服地玩，所以，彻夜地游戏、通宵地打牌、看片，过度地睡觉，肆意地游玩等成了他们大学生活的主旋律。

这种有今天不管明天的思想和行为在严重地透支着他们的未来。他们本可以修炼一项核心能力的，但是他们没有；他们本可以学好英语的，但是他们没有；他们本可以找到适合自己的工作的，但是他们没有；他们本可以学会求职技巧的，但是他们没有。

可是，当他们在毕业时问题就集中爆发了。在那个时间才知道，自己没有为未来做一点准备，而当自己明白时一切也已经晚了。因为他们所欠缺的都是需要一定时间才可以练就好的。所以，他们那时只有无奈地接受这个噩耗，让自己从头开始。而且令人气愤的是，其实大学生已经有这种失败的经验了，高中时的努力不够和准备不充分，让自己无奈地进入不情愿的大学和专业，不就是一个最好的例子吗？可是不善于反省和思考是中国大学生的通病，似乎已经看到了这类傻学生毕业时的窘态了。

第四种傻学生：只知道个人舒服享乐，千方百计剥削父母

剥削父母被很多大学生认为是天经地义、理所应当的事情。因为父母生了我们就要养我们，同时为子女全力以赴也是中国父母甘心情愿的。我们这里不是要否定这种伦理关系和真实情感，而是要提醒那些只顾自己享受而不考虑家庭环境的一些无良大学生，他们为了满足一己私欲，为了买可有可无的高档手机，为了买看碟玩游戏的电脑，为了自己的伟大爱情而慷慨解囊，为了所谓的面子而大肆挥霍……这些学生不把心思放在学习长本事上，反而学会了享受和摆阔、攀比，从而让本就经济条件不好的家为其高消费而进一步困难，也更加剧了父母的劳作和艰辛。《落叶归根》里的宋丹丹卖血供子上学不是个案，而且如果要真是花在学习上也就罢了，可是啊……所以奉劝那些举全家之力供一人上大学的大学生们要好好反省一下了，要时常扪心自问，这个钱该花吗？非花不可吗？父母是怎样筹到这笔钱的？试想，如果这类傻大学生的数量进一步增长的话，那中国的教育无疑是非常失败的。

第五种傻学生：什么事也不请教过来人，就靠自己摸着石头过河

有些人的个性很封闭，他们完全活在自己的圈子和世界里，他们不愿意和别人交流，他们不注重经历和经验对人成长的巨大作用，他们就完全靠自己的摸索，即使有捷径走他们也不听而非要自己去撞一下南墙才罢休。

大学，本来就是传承的机构，传承知识、方法、经验、文化。而且，在和别人的交流、讨论中成长也是比较好的一种成长方式。所以，那些在知识、经验上独自探索的学生无疑是很傻的。

大学生最少要就以下几个问题来请教过来人：首先是如何利用和规划大学的问题；其次是专业选择和学习方法的问题；再次是校园活动和社会实践的问题；最后是职业选择和实习的问题。如果你对以上问题去不断请教，那么你将有效减少摸索的时间，为开发自己赢得大量时间，否则，你就是那个考试后的人，虽然一切都知道了，但一切也都晚了。

第六种傻学生：四年看的书没有一个月看的片多，不注重充实自己

大学生有什么？大学生在大学时有的就是时间和年轻；那么大学生毕业时有什么呢？广博的知识和过硬的能力应该是一个不错的答

案。可是广博的知识哪里来呢？除了图书馆和自修室，没有什么地方可以满足了。就是这样一个很明显的问题，还是有很多大学生不明白，从而导致很多学生不重视读书，甚至有些大学生在整个大学里只去过几次图书馆，除了办证和还证，就是考试期间的自习，更别提读一千本书，博览古今了。

大学给所有大学生最公平的资源其实就是图书馆了。可是就是有一些傻学生不去也不会利用，真是令人寒心。图书馆是一位沉稳而憨厚的老师，她可以教你很多很多。如果你不满意自己的学校和环境，如果你不满意自己的专业和老师，那么我忠告你还是最大化利用好图书馆吧，利用好了她，无论你对学校有多爱还是有多恨，其实都影响不了你了，因为你已经积累了很多，你完全有能力改变你所不满意的现状了。最后还要提醒的是，图书馆并不仅仅是你学校的，也可以是你所在城市的，或其他学校的，包括很大的书店都是，只要是图书汇集的地方就是你学习的场所。

第七种傻学生：盲目跟风考证，既浪费钱财又浪费时间

大学里考证是一股风，是一股随波逐流的风，已经很难有理智地选择了，这些看什么证热就考什么证，看到大家考什么证就去报什么的学生就是第七种傻学生。

大家知道，证书，尤其是职业准入证书，是你从事一个职业的基本要求和门槛，如果你不打算从事这个职业那就没有必要去考。当然，有些能力证书还是要去考的，如计算机等级证书。这些傻学生们认为证多不压身，而且总有一天会用到的。其实有些证书是一辈子也用不到的，因为你没有从事那个职业，如你考了报关员证书，可是你毕业后干的却是导游，那你说这种证书投资不是浪费了吗？有些学生会说，我也不知道自己要做什么、喜欢做什么工作，我先利用大学多考点证书，不就为日后的就业做准备了吗？

其实这里存在两个问题，第一，了解自己并确定喜欢什么职业；第二是为毕业后的工作做准备。了解自己并确定喜欢什么职业是有方法的，具体的就是了解职业和探索职业，就是即使你期望通过考试来了解职业，那也没有必要一定要去考证。你完全可以去看教材或学习教材来了解，如你想判断自己是否适合做导游，那你可以看导游的考试教材，而不一定非要得到导游证书，这样你的投入会少些。

为毕业后的工作做准备，是个很好的思想，但是如果你没有方向和目标，就算你毕业后有一大堆证书又有什么用呢？记住，和求职不相干的证书是不能突出和凸显你的能力的，这就像人家在进行体操比赛，你拿着柔道证书就来了。

第八种傻学生：谈了恋爱就忘了全世界，不知道大学除了爱情还有别的

大学里谈恋爱后悔四年，大学里不谈恋爱后悔一辈子，这是证明在大学里谈恋爱的最好解释。这里不是要讨论大学里应不应该谈恋爱，而是那些谈了恋爱就忘了一切的傻学生。

如果你耐不住寂寞、如果你遇到了真心人，那么你恋爱了无可厚非，但是现在大学里有这样一些人：他们谈了恋爱之后就完全沉浸在二人世界里，什么学习、活动、实习、家人、就业、理想等都给遗忘或淡化了，两个人整天腻在一起，仿佛得到全世界，找到了人生的全部，这样的状态在毕业后对待感情时的态度是可以理解的，但是，这是在大学，你来大学是为了什么？大学生的天职是什么？在大学这个特定场合和空间里，你忘乎所以地投入到感情里是要警醒的。毕竟，大学本身赋予你的还有更多。

第九种傻学生：做点好事总要大张旗鼓地成群结队去做，平时连为人指个路都烦

日行一善已经成为了对大学生的负担和过分要求，不做坏事、少做伤害人的事、不影响人家做事和做好事就是对大学生的三条基本要求了，能做到这三点就已经是目前的三好学生了。

一些学生社团，如爱心社、志愿者协会，他们会定期组织一些学生去做好事，如到敬老院、孤儿院等去慰问，或者打扫个天桥、捡个垃圾什么的，这里要否定的不是好事做得多么小，其实只要做了，无论大小都是一种进步，但是，这些人做点好事却有让全世界都知道的心态和行为，照相、录像、新闻稿、校报、广播站，其他媒体都要宣传，搞得好像多么伟大似的，而且往往是形式大于内容，就是说就做了那么点好事，有时候做的甚至是份内事，也要舆论宣传。甚至有些时候，让人感觉，如果没有宣传，这种行为就不会有人参与。再明白点说，就是没有好处没有宣传的好事是不做的。可当你做好事的不良动机远大于做好事的结果时，你不是在亵渎慈善和志愿者吗？

做好事、做善事是一个人品格和道德的体现，是一个人对社会责任感的体现，他应该是在自律下融入个人生活的平常行为，而不是大张旗鼓的、偶尔的、一学期两次的定量要求。如果你能在平时多尽公民义务、多与人方便，那你就是一个默默的高尚的人，就无须去成群结队地忙着做好事了。可是，浮躁的、要加分的、要得三好学生的大学生们能忍受这个无偿付出吗？

第十种傻学生：不知道向学校要资源，你是顾客你沉默

现在的大学已经彻底沦为了商业营利机构，不要以为你是在接受国民的大众化教育，其实你是在对自己的未来进行投资的投资者，你是一个交钱买知识的消费者，每年的学费就是你的投资和消费凭证。既然与学校关系是这样的单纯的商业关系，那你对学校的所有不满意都是有发言权的，你应该主动维护自己的权益，而不是在不满怨恨中匆匆结束自己的大学，取消自己的投资，忍受学校的消费欺诈。

学校制度不合理而带给你的不便你可以找校长提；专业课程设置的不科学你可以找教务处谈；你找不到实习可以找就业指导中心谈；你需要助学金帮助你可以去助学中心谈。总之，你在学校里遇到的一切困难都可以找学校的相关部门谈，当你最大化地利用学校的资源时，你会发现大学是如此美妙；当你争取到你应该得到的权利时，你才会有是你上了大学而不是大学上了你的感受。

阻碍大学生发展的十大观念

我们的每一点进步都是与学习新知识、新观念相关的，我们成长的见解主要来源于我们内心的想法。如果想不通，我们就不会行动，打不败自己，我们就无法进步。其实，很多大学生并不是不聪明，也不是不努力，只是不知道怎么努力，而这其实就是被观念撂倒了。

在前程花销上斤斤计较，没有投资回报的成本意识

大学生在就业上的花销是很少的，更多的都花在毕业时找工作时的制作简历、异地求职等费用上。但在购买职业图书、做职业测评、咨询职业顾问、参加职业培训班等项目上是斤斤计较的。在几乎为零的职业投资的情况下，很多大学生不得不以大量的时间和挫折作为成长的代价。虽然这些是只要花一些钱就可以解决的，但是因为不能立马看到效果，所以很多学生就"理性"地拒绝了这项职业投资。

可当你回头审视你对大学教育这项投资时，你会发现上大学也是笔糊涂账，没有明确的目标和回报意识，不能定义大学对自己意义的同学也得不到大学有意义的回报。上大学的几万块学费都花了，报培训班的几千元钱也交了，但就是几十元的职业图书却舍不得买。排除你那些高尚的理想，你毕业后不得要必须工作吗？你所学的一切不得要在工作上发挥吗？那你为什么不为工作投点资？

问题不到眼前就不去想，没有未雨绸缪的规划意识

一些大学生永远是考试前一周或前一天复习；总是在找工作前一天才把简历做好；总是到面试前一刻才去了解企业。总之，一切问题，无论多么重要，不到不得不面对那一天、那一刻，他们是不会为其准备的，可是有些事情现准备是不行的。你的英语现学能流利吗？你的计算机现学能掌握吗？你的表达能力是三天五天就可以加强的吗？技能、能力、素质等内在层面是需要假以时日修炼、操练的，否则短时间的重视和强化是无效的。

大家都想在毕业时找到好工作,但那好工作就是在大四那一年找到的吗?如果你大学前三年什么也不做,什么也不加强,那你大四时依靠什么优势超越别人呢?所以说,好工作不是大四时找到的,找不到工作也不是你大四这一年的不努力。大学本是一体,如果你以就业为圆心,那么大一和大四离就业一样近,没有大学期间的整体努力,就业困境是很难解决的。

毕业前才关注企业要求,没有以终为始的标准意识

总说大学生就业,但是大学生要就谁的业呢?应该是就企业的业,因为是企业(还有其他机构,这里特指商业化的企业)给你提供了工作,给你开工资。从这个逻辑出发,大学生就应该按照企业、雇主的要求去培养自己的能力(此处特指以就业为导向的学生),以企业的需要去培养自己的优势,以职场的要求去塑造自己,这样在大学中就有了努力的目标,就有了取舍的依据,就有了衡量的标准。

以企业为自己大学期间努力的参照,是决定毕业后马上就业同学的最好规划,这种以终为始的思维方式可以让你的大学学有所用,学有所成,而不会发生学不能用、学不知何用的知识贬值、学历无用的情况。管理自己的知识,管理自己的学习,要让自己毕业后有投资收益人的感觉。

率性行事随意安排生活,没有专心致志的目标意识

坚持做一件事,坚持不懈地努力才可能有所成。但是很多大学生都是大学无目标,随意地安排自己的时间和精力,这样的行为不是在上大学,而是在打发大学。四年的聚焦都不一定能成功,何况你三天打鱼两天晒网地努力呢?还有一些大学生虽然有目标,知道自己要干什么,但是却很难坚持下来,外在的一点干扰、诱惑就会分散其注意力和精力,这样的目标不坚定和目标随意游移是很难有所成的。

很多大学生都有一个美好的期望,毕业时去外企、去大公司、拿高工资。但是反问你一下,你为你的这个目标做了什么努力呢?四年里你有哪天、哪个阶段为目标付出了？你的一言一行、一个决定对实现目标有什么支持呢？如果你没有为目标作出努力，那么目标又凭什么实现？

盲目学习，样样通样样松，没有核心能力的专长意识

尊重知识、终身学习的观念很多大学生都接受了，但有效学习、专长学习的观念现在很多大学生还不理解。学习是有目的的，学习是要集中的，都说复合型人才如何抢手，殊不知专业性人才才是就业之根本。社会随着科技的发展越来越细化，那么要求就越来越专业。一个领域、一个方向已经够你研究学习一辈子了，全面发展的结果只能是全面平庸，世上能饿死什么都懂的学者，但饿不死就会一项专长的修鞋匠。

现在的一些大学生，什么都学，什么都考，什么都要试试，看似忙碌的一天其实什么也没学到，最后很可能是样样都知道一点，但一样也不精通，什么也不行。调查发现，很多就业难的大学生就是没有一项专长，没有一项超越很多人的能力。大学生应聘的职位都是低端的操作层面的工作，所以有专长、有能力是其特定的要求，随着越来越快的发展，复合型才凸显出来。想找到好工作的大学生请反问自己一句：毕业时，我哪里比别人强？

选择决策完全依照外在，没有遵循内心的适合意识

看到哪个证书热就蠢蠢欲动，看到哪个工作赚钱多就要去做，看到哪个公司大待遇好就想去应聘……总之，一些大学生的决策很多都是因为外在的火、热、有发展，而从来不去想想自己的内心，去考虑一下自己的兴趣、性格、能力、理想等，并且这些人很容易被别人影响，非常容易从众随大流。

如果你曾经这样，如果你所学的专业就是当初报考时重视外在而导致现在不喜欢的话，那么你下一步做什么工作、往哪个领域发展就要慎重了，就要考虑一下内心了。外在有很多诱惑，外在有很多优秀，但是这些是否适合你呢？你是否能够驾驭呢？如果做着不适合自己、不喜欢的工作,你会快乐吗?所以在择业、就业时多问一句:这个选择适合我吗?

不能充分利用学校资源,没有唯利是用的资源意识

有些大学生在四年里也没有去过几次图书馆,没有去教室自习过几次,更不要说遇到专业问题去请教授课老师,参加活动去请教团委或辅导员,社会实践去找学校勤工助学中心,就业有问题去问就业指导中心了,对食堂、宿舍等问题去后勤集团等就更不可能了。

但是这些大学生为什么不去建议呢?你交了那么多的学费,对学校的要求、求助却是那么少?是学校本身没有问题吗?你的困难,尤其是那些学校层面给你造成的困难,为什么不去争取呢?还有学校里的资源,最大的资源——图书馆,为什么不去利用呢?学校里的所有老师、所有部门都可以去争取的,因为这些都是你可利用的资源。当然,并不是所有资源你都可以利用,但是因地制宜地最大化利用本校的资源也算是对你高额学费的一种交代了。

急于求成凡事都走捷径,没有持续努力的积累意识

考试可以划重点,考证可以背辅导,考研可以看大纲,但不是所有的都有量化的标准和捷径可走。就业上的技能、能力都是需要一定时间积累、锻炼才可以形成的。企业所要求的能力、技能、经验、知识、素质等都不是可以速成的,是你必须要假以时日付出才可以的。英语、计算机等技能,组织、策划、沟通等能力,认真、真诚、合作等素质,经济、管理、礼仪等知识,这些统统都是需要你提前准备的,是要在大学期间修炼的。

职业规划也是一样,不是你说遇到了不可解决或自己很难解决、找不到工作或找不到好工作时做个职业规划就可以的。职业规划给你指出的目标和行动是要落实和积累的,量的积累不够是不可能引起质的变化的。所以,大学生在确立目标之后要有坚持、积累的耐心,否则,你东一下西一下是什么成果也不会出的。

依赖别人帮助解决问题，没有独立自主的自救意识

当大学生遇到问题时，一些同学会去求助别人。但是在这里却出现了一个误区，就是将求助别人、希望其提解决建议转换成了希望他能帮助你解决掉这个问题，这里严重颠倒了主客体的关系。一般来说，你遇到的问题是你出现了“问题”，而且问题的产生也是经过一段时间积累而产生的，这样的问题的解决也必然是需要一定时间的。

其实，自己的问题，尤其是能力、技能的问题是必须要自己才能够解决的。因为你比所有人都清楚自己，你比所有人都容易调动自己，最重要的是这个问题是你自己的，问题解决的最大受益者也是你自己，那么你有什么理由让别人帮你解决掉问题呢？你的人生为什么不自己做主呢？你为什么不靠自己呢？独立才能自主，自主才能自救。当你遇到问题时问自己一句：我为自己、为解决问题付出了什么？

过度娱乐休闲放松自己，没有自我管理的自制意识

大学里的时间都怎么用了？很多学生是这样安排的：一半时间用来睡觉了，四分之一时间用来娱乐了，另外的四分之一才用来学习。过度的玩网络游戏、打牌、谈情、发呆、游玩、交际占据了学习、充电的大把黄金时间，导致本来是充实完善自己的大学变成了养老院。

大学里的充裕时间如果集中起来做一件事、学一项本事、练一项能力，简直太轻松了，但就是在大学生有时间、有精力可以改变一切的时候，他们却没有用在对未来发展有益的方向上。大学里太自由了，诱惑太多了，有太多的第一次需要尝试了，就这样管不住自己了，以为大一时尽量放松可以弥补高中时的娱乐缺位，但想不到却由此形成了娱乐放松的习惯，这种惯性能否管理、控制得当，将直接影响你对大学的态度和行为，以及你大学毕业时的状态。宋丹丹说：女人，对自己下手就要狠一点。同理，大学生也要对自己狠一点了，现在管不住自己毕业后就掌握不了未来，而且也很难有管别人的机会。

就业中十大“所非”现象

大学生在就业时及职业生涯发展的过程中，集中表现出了十大“所非”现象。这十大现象更多的是大学生的一个就业错位，一种职业错位，是一种不良不利的职业现象，现在我们把它们集中归纳起来，以便大学生及在职业生涯中打拼的大学生与己对照，找到问题所在，好在日后的解决篇中有针对性地找到量身定做的解决方法。其实，在看这十大现象时，就是一个给自己职业把脉诊断的过程。

►所学非所做：所学的专业不是所从事的工作

Alice，读法律，普通大学毕业，大专，现在学自考法律方面的本科。Alice 是射手座，各方面要求高，目前 Alice 从事的工作是在一间小车行做行政/人事文员。

2004 年毕业后 Alice 一直在考虑自己应当从事哪方面的工作。读法律的 Alice 性格比较静，也不积极主动。Alice 认为自己不是很适合做法律方面的工作，而且以她的学历也很难找到这方面的工作。因为在毕业时她就应聘过一些法律方面的工作，但都因为她的学历低而被拒绝，所以现在 Alice 对从事法律方面的工作一点信心都没有。

在一番思考后，Alice 想先做销售的工作。因为销售工作会与别人的交流多些，所以在公司的内部转换中，Alice 向领导申请做销售工作。但是公司领导不让 Alice 做，原因是领导认为 Alice 条件不够，而从公司的整体利益考虑来看，Alice 会写作、人品各方面条件也好，由此认为 Alice 更加适合公司要求的行政/人事工作的人员。但是 Alice 本人很讨厌这种没有挑战的工作环境，而且对于 Alice 来说自己的能力得不到提高，最重要的是工资比较低，因为 Alice 家庭环境不太好，她希望可以给家里更多的照顾。

现在的工作越来越让 Alice 没有自信，而且家里的经济压力也很大。Alice 每天都很烦恼，晚上觉也睡不好。Alice 想学点英语或者其他技能，但是她提不起精神。Alice 觉得现在的自己处于一个很不好的状态，很急躁，很混乱，不知道怎么调整才好？未来的路要朝哪个方向走？

像 Alice 这样所学非所做的群体一般是大学生一族，证书一族，深造一族。表现为大学生所学专业与社会实践、日后工作的不相关，考了证书但却没有从事相关工作，深造学习的东西可无法用到。其本质是大学生在学习深造之初没有确定所要从事的职业方向。

其实教育是一种投资。在我们要报考某个专业，要考某种证书，要考研时，我们要考虑的是，我们学习的目的是什么？所从事的专业、深造对自己的目标有什么帮助？在学习这种发展自身的活动中我们不但要知道学什么，但更重要的是知道自己为什么学？

没有目标的盲目学习、充电只会导致学习成本的增加，还会浪费大量宝贵的大学时间。试想一下，我们用心学习四年的专业，我们花费几千元考取的证书，我们用一年甚至几年时间所深造的东西却对自己的工作没有多少帮助，甚而是根本就没有帮助，那将是一种多么大的悲哀。所以我们在知识改变命运，教育振兴民族的观念下也要考虑一下教育的投资回报率，更重要的是要所学有所用，而这个前提是找到学习的方向。

▶所做非所乐：所做的工作不是自己所喜欢的

Diana，今年快 23 岁了，现在一家国有企业工作（找关系进的）已工作 3 年多了。

Diana 是高中学历，在同学们都在复习考大学时，她却对学习失去了兴趣，在家人同学劝说无效的情况下 Diana 终于回到了家里。起初 Diana 在家里就是帮着妈妈做些家务，倒是给妈妈减轻了一些负担，但时间久了 Diana 和家人都感到这不是长久之计。所以，家里花了些钱托人把Diana安排到了离家不远的一家国企工作。在工作不到一年后,Diana就发现自己的能力很有限,所以她参加了自考大专,由于Diana学习目标明确,结果不到两年拿到了自考证书。领导看到她很好学上进,就把她调到科室做一些活动策划的工作。

但在工作不久后Diana的问题就出现了。Diana对现在的工作没有任何激情和能动性。因为Diana是从基层做起的,所以现在更多的做打下手的工作,但即使这样Diana也坚持做了一年,虽然这份工作相对比较稳定,她也能胜任目前的岗位工作,但是Diana越来越感觉自己的前途迷茫。具体表现为自己的学历低,知识结构欠缺,缺乏自信,升职的希望基本没有,能人太多工资太少,900元/月,领导太苛刻,干再好也是应该的,做错了就不停地指责你。

现在的Diana很不喜欢这份工作,每天的工作她都是应付了事,情绪也出奇的低落。Diana想辞职脱产再去学习,一方面完成本科学业,另一方面再考一些其他的知识证书武装自己。Diana和家人、朋友也商量过,但他们都比较反对,说现在有份工作很不容易了,不要太冒险了。Diana也不知道自己喜欢什么。但目前的这份工作Diana铁定的是不喜欢的。Diana也没觉得自己有什么特别的兴趣和专长。但认为自己比较有表演的欲望,想做一些具有创造性的工作。Diana希望自己做一些有成就感的工作,可是自己的年龄也大了,之前也没有正式从事过什么具有创造性的工作,下一步到底怎么走?Diana真的不知道。

职场中有很多像Diana一样的大学生,毕业后在做着自己不喜欢的工作,从事自己不喜欢的业务,每天都在坚持和痛苦中挣扎,为了生存不得不把自己的兴趣压抑在脑后。他们是干一行不爱一行,所做的工作是他们很不喜欢的,每个月除了发工资日和休息日之外其他时间都是在打发。

他们在与生存的一番挣扎和痛苦的抉择中决定要换工作,要跳槽,但在实际的执行中又下不了决心。因为他们已经熟悉了这个不喜欢的领域,积累了很多的经验和人脉,一时放弃他还做不到。所以,他们在痛苦和彷徨中度过他们工作的每一天。

其实，人只有做着自己感兴趣的工作才会发挥自己最大的能力，才会体会到工作中的快乐和成就感。但很多大学生在毕业之际为了赶紧落实工作，为了所谓的高薪、大城市而逆着自己的兴趣草率地就确定了工作，结果导致这种所做非所乐的困境，这也给自己的职业生涯顺利发展埋下了阻碍的隐患，无疑延长了大学生在职业发展上的成功日期。

▶所乐非所能：所喜欢的工作又不是自己能够胜任的

Enid，26岁，计算机专业毕业，从2001年7月毕业后就一直从事房地产销售工作，售楼小姐。

毕业时Enid找到了一家房地产代理公司的工作，由于自己虚心好学，不久就能做销售了。在近两年的销售中Enid的业绩一直都保持着公司第一名的好成绩。2003年，Enid觉得自己在这个小公司的发展空间已经到头了，于是Enid果断地跳到了一家大型房地产开发公司做销售，虽然是在新公司里，但做的还是老工作，对此Enid是驾轻就熟，销售业绩也一直是公司的第一。

Enid公司现在的销售部门是独立的代理公司，公司的管理体系很不健全。公司里分派分系明争暗斗，小人得志，前段时间Enid和几个同事被小人陷害。其中有两人因此而离职，但由于Enid的工作业绩好被老总看重，在Enid提出辞职后老总表示挽留，但也跟她明示只打算让她一直做销售员，为公司创造利润。再者公司的发展也很有限，没有那么多的管理岗位，所以Enid是不可能得到提升的。

Enid性格一向很要强，四年从来没落在人后，一直是公司的销售冠军。但现在公司又要招一批新人，新人们都很有冲劲，Enid觉得要逼自己保持业绩第一不是不可能，但压力可见一斑，如果在公司会有更大的发展Enid也会逼自己去拼，但Enid得知自己在公司即使做到最好后也只是销售员后，也就确实没有那种工作动力了。

现在公司内部复杂的事加上销售的压力使Enid身心疲惫，导致

Enid 现在看到客户也不想接待。Enid 考虑要辞职，但 Enid 只做过销售，出去不知道自己能做什么。Enid 也不想做一辈子的销售员，她也实在不愿意再去找销售员的职位了。Enid 现在想找管理类的工作，她在平时也经常了解这方面的知识，可是没有直接的管理经验，所以恐怕很难有公司录用她，在面试时人家一看 Enid 简历上满是销售业绩第一的经历也很难往管理岗位上想。Enid 每天都想着要转行，但自己又没有管理的专业知识，文凭也不硬，到底什么时候才能如己所愿呢？

Enid 做了四年的销售工作，并且还都保持着销售冠军的好成绩，但在一个领域里做久了，Enid 想转行作管理，但目前的情况是对管理方面的知识所懂甚少，在面试时很难应聘成管理的工作。可让 Enid 在继续做销售方面的工作，她自己又不愿意。

纵观 Enid 整个的职业经历，我们可以发现 Enid 能做的工作她不喜欢，想做的工作又做不了。所以，在 Enid 转行时就遭遇了面试失败的境地。Enid 为自己不喜欢的工作——销售工作做了四年的积累，而对自己喜欢的工作——管理工作却没有一丝的准备，因而 Enid 的管理梦也只能沦为空想了。

其实很多大学生都在犯这种低级错误，明明是自己不喜欢的工作，却对其付出了很多，可能他学了四年的专业，考了个行业认证，又坚持地做了几年工作，但在要选择做自己喜欢的工作时才发现自己在那个领域一无所知，所以，这个转行梦被束之高阁了。

▶所能非所适：所能做的工作不是自己所适合的

Mark，是 1999 年中专酒店管理专业毕业的，在工作的三年里 Mark 做过酒店采购员和酒店采购的管理工作。第一份工作是酒店的采购员，因为这个工作与自己的专业比较相关，所以 Mark 很轻松地就做好了这份工作，Mark 给酒店的日常采购省下了 30% 的费用。在年末的公司会议上，老总亲自给了 Mark 一个大红包，还在酒店的内刊上大大地表扬了 Mark。在第二年 Mark 就被提升为酒店的采购经理，Mark 在这个工作上更是发挥自己的能力，把采购费用又连年降低了10%，得到了老总的大加赞赏。当然奖金Mark也得到了不少。

在工作期间Mark感到自己知识和文凭的明显不足，于是Mark在公司老总的批示下参加了2002年的高考，于2004年6月份从东北电力学院市场营销专业毕业(大专)。毕业后因为某种原因Mark被迫离开了酒店工作。

从市场专业毕业后，Mark就在公募公司做销售接待。虽然Mark在这份工作上也取得了领导的很大认同，可Mark觉得这里没有太大前途，再说这个行业的很多黑幕也是Mark所不齿的，当然也不能更好地发挥自己的能力。在上大学时Mark还考了导游证，并在课余时间做了兼职导游。但现在的工作作息时间是不可能再做兼职的。

Mark想去北京找工作，想做专职导游。因为工作后的这几年Mark发现自己虽然可以做好销售、采购工作，但自己却发现销售工作越来越不适合自己，在这个领域里Mark感到自己与同行的距离越来越远，所以Mark决定在自己26岁的生日时去北京闯一闯。因为Mark无论是在所在的城市还是去北京，都是离家在外，所以他想还不如到机会多的地方去锻炼一下。这些年来Mark都是一个人在外面，什么事都要自己一个人想。但Mark现在的年龄真的是该定方向了，因为自己真的再没有几个四年用来混。

从Mark的职业经历来看是比较混乱的，但有一个共同点就是无论Mark做什么工作，Mark都可以做得很好，但这些工作却不是Mark最适合的工作，这个是Mark在真实的实际工作中自己总结出来的。Mark给我们的启示就是：你能做好的工作不一定就是适合你的工作。

职场中如Mark的人比比皆是。他们误以为自己能做好的工作就是自己适合的工作，就是自己喜欢的工作，就是可以做一辈子的工作，所以他们就锁定了这个工作，但在进一步地深入工作之后才发现并不是自己所喜欢的工作，更不是自己所适合的工作，但这个结果的发现和确定已经是工作若干年之后了。

在校的大学生在做了一些社会实践和步入社会做了几份工作后，会发现自己能做并且可以做好很多工作。所以，他们就误以为自己是适合这份工作的，其实不尽然。大学生在发生这种情况下应该更多地考虑自己的内在因素：兴趣、价值观、性格等，看是否真的适合，而不要被能胜任的假象所迷惑。

▶所适非所做：所适合的工作却没有做而做着其他工作

Polly，是一名毕业两年的大学生。学的是行政管理，在毕业后的这两年里对于将来要从事的职业，Polly 考虑过很多。Polly 想向人力资源方向发展。因为 Polly 学习的行政管理专业与人力资源有一定的联系，再加上 Polly 对这一行业十分感兴趣，Polly 在大学时就自学了人力资源相关方面的理论知识，还在大三时参加了助理人力资源管理师的考试。当然第一次没有过，又深入复习一年后，Polly 终于拿到了这个向往已久的证书。在经过一番深刻的自我分析后，Polly 最终决定向人力资源行业发展。

Polly 毕业后找到了一家制造业的公司，担任人事助理，其实更多的还肩负着行政的事务，毕竟 Polly 是学行政管理专业的。所以，有行政方面的工作，老板和主管也倾向 Polly 去做，所以 Polly 不知不觉做了比人事更多的工作。不过，Polly 对人力资源方面的学习从来没有放松过。

Polly 现在做行政人事两块工作，实际上行政占去了 Polly 大多数的时间，就因为事务太多，Polly 经常犯错误，因而很多时候 Polly 都活在自我否定中，有时甚至想过自己是不是真的如老总所说的，不适合做人力资源，但这是 Polly 的人生梦想啊。

Polly 希望通过自己所做的工作，能让每个员工在自己喜欢又合适的岗位上快乐地生活。但现在，Polly 感到这离自己好像越来越远。这时，Polly 的老总也建议她去客户部做，但做人力资源毕竟是自己的理想，Polly 不是不想去做客户，而是怕如果自己去做了客户工作以后就没有机会做人力资源，而且又白白浪费了时间。再加上如果 Polly 单凭一个人对自己的评价就去否定做自己喜欢的事情的能力，那么 Polly 这两年来的努力不就白费了吗？

从 Polly 的职业经历看，很明显的是 Polly 在做着自己所不适合的工作，行政方面的事务。其实，Polly 是很喜欢做人力资源工作的，她自己也在一直向这个领域靠拢，如学习人力资源知识，考取人力资源证书，但让 Polly 苦恼的是，虽然她在人事助理这个岗位上，却做着行政助理的工作，所以就发生了 Polly 适合的工作没有做，不适合不喜欢的工作却在做。

其实 Polly 是可以妥善地解决这个问题的，而不用非要按照老板的意愿去做客户工作。Polly 可以和老板、主管说清楚自己只想在人力助理上做真正的岗位工作，而不是再做行政工作，也就是说进一步明确岗位职责，工作内容。如果内部解决不了，那 Polly 就要考虑跳槽了，毕竟 Polly 是要对自己的职业生涯负责的，当在努力工作和尽力协调之后，就只有再选择，否则，在这家公司吊死就会影响 Polly 的前程了。

Polly 给我们的启示就是，如果我们所做的工作与自己的追求、理想不符，那么，你要么闭口不言，要么就是另觅东家，不可以在不适合的岗位上做更多的纠缠，毕竟没有人会为你的职业前程负责.在职业发展上，“选择比努力更重要”如果你在工作中发现自己做着不适合的工作，那你越早离开越好！

▶所做非所能：所做的工作并不是自己的能力优势

Dinah，2004 年毕业于师范学院，学的是英语，但是没有什么过硬的功底。Dinah 本来打算去做高中老师的，这是经过与家人的交谈和自己的考虑才作出的决定；但在 Dinah 去了一次高中学校开的动员会后，发现这个决定并不是最好的，而且在接触中就发现做老师真的不是很理想。当 Dinah 从学校出来时就有些许的失落和彷徨，所以 Dinah 放弃了做老师的想法。在得知许多同学都找到工作时，Dinah 的压力就更大了，Dinah 有些坐不住了。Dinah 性格一向也太急太草率，在一次招聘会上 Dinah 面试了武警边防部队。当时在做这个决定时 Dinah 还有些犹豫，那时还是听了一个亲戚的建议才确定下来的，但那时为了急于离开学校，所以就义无反顾和想当然地来了部队，来了部队才真知道错了。

现在 Dinah 被分到了环境还不如去做老师的地方，地方小，约束多，工作无聊，自己一点兴趣也没有，还有个人生活也没有什么目标，现在 Dinah 过的生活与以前反差很大，Dinah 也想出来闯一闯，好脱离这个鬼地方。

Dinah 觉得自己的性格、气质都不适合在部队这样一成不变的单位熬日子。但是家人非常反对 Dinah 再出来，她自己也不敢再贸然行事，但就是不甘心在部队里待。Dinah 知道时间久了，就会什么想法也没有了，只有天天混饭吃。

Dinah 现在很矛盾，进错行是肯定的，但是找到自己的方向也不容易。Dinah 也很犹豫，现在跳出来，上面档案肯定要卡 Dinah 一段时间，不过出来的风险也大，毕竟父母希望 Dinah 留在这个"铁饭碗"里，却不考虑她的幸福感。总之在这里 Dinah 就是很难快乐起来，当然她也知道跳出来在职场上的艰辛。但是 Dinah 甘愿自己苦点，也不想自己就在这里混下去，既学不到东西，又浪费时间。Dinah 真担心自己是那个温水煮青蛙的实验牺牲品。

Dinah 是学师范专业的，但她却没有从事与其专业相对口的高中老师工作，而是到了边防部队做工作，所以在工作不久 Dinah 就厌烦了那份工作，而要转行寻求新职业方向。

其实 Dinah 的问题是没有依照自己的能力、专长而选择自己的工作，做着自己不能胜任的工作。Dinah 当然会烦心，在自己的劣势上做工作是不会完成工作任务的，当然 Dinah 也不会有完成任务的那种满足感和成就感，而自己的潜能也不会由此开发出来，这对 Dinah 的职业发展是不利的。

大学生在找工作时一定要注意，要在自己的优势上做文章，而非用自己的劣势找工作，也不要在自己的缺点上耗费更多的精力。这并不是说要置自己的缺点不理，只不过要强调的是人都是不完美的，如果把时间都用在了弥补缺点上，那就没有时间培养优点了，而在职业发展上，人是靠优势来生存发展的。

▶所能非所愿：所具备的能力不支持自己的理想

Betty，27岁，本科毕业于重点医科大学，临床医学专业。毕业前Betty即申请到美国几所大学的全额奖学金。由于某种原因，Betty毕业后在广东的一家中型外企工作了半年时间，医疗护理产品领域。Betty的职位是产品经理，隶属于市场部门，但她并没有实际销售经验。后来辞职出国。现在Betty在美国，读生物学博士三年级。

Betty的困惑在于，虽然别人眼里的Betty是成功的，有前途的，但Betty自己却觉得自己什么都干不了。Betty知道，如果沿着现在的路走下去，Betty能够养活自己，毕业后或者做博士后，或者直接找个工作，留在美国，直到混个绿卡，花园洋房。

问题是Betty一点都不喜欢搞科研，如果一辈子这样过下去，实在不甘心。甚至现在就想退学回国。但是如果Betty以后真的选市场和管理这条路，她又没有足够的经验，虽然学历高也没用。Betty的性格也不是很圆滑精明的那种，未必适合可以做这方面的工作。

如果真的从兴趣出发，Betty倒希望能做与时尚和设计相关的工作，既有一定的创造性，又是比较有自由度的工作。但说起来就太不实际了。因为Betty既没有这方面的经验和学历，又接触不到这方面的朋友，对这个领域还是很陌生的，很难切入这方面的工作。

最后，Betty觉得自己的综合素质还是比较高的，不谦虚地说，很多人都觉得Betty很聪明，面试的时候也能给别人一种很有潜力的印象。Betty现在的困惑在于要不要放弃现在的一切，从最低点做起，因为没有把握也不知道自己究竟要朝哪个方向走。但是Betty才27岁，如果这辈子都不做自己喜欢的工作了,又不甘心。而且作为一个女生,Betty 还要考虑家庭和生小孩的问题,如果 Betty 回国奋斗,就意味着连这些都要放弃了。

Betty 的问题很能说明问题,Betty 本身是一个海外留学生,有在海外一套既定的职业发展路线,但 Betty 遇到的关键问题是这个既定的路线并不是 Betty 所喜欢的,虽然她完全可以实现,但她想按照自己的兴趣去做自己所喜欢的事情。可是这让 Betty 又遇到一个如何对待已有教育投资的问题,毕竟曾经她为其付出了许多精力和时间,尤其是花费了许多钱。

其实 Betty 的问题本质是 Betty 在自己不喜欢的工作上做了太多的投资,可这份教育投资的回报却并不是 Betty 所喜欢的。如果 Betty 非要按照自己的喜好来发展的话,那她的这个投资回报率很可能是零,这当然不是 Betty 可以接受的结果。

那 Betty 给我们大学生的启示是什么呢?那就是,你自己最看重什么?如果你把实现理想愿望放在第一位,那就要为此而付出一定的代价。但 Betty 给我们更沉重的警醒还有,如果你不喜欢一份工作,那你就不要在此付出太多,否则,在面临抉择时,你是舍不得放弃已有投资的。也就是说,要么你就做不喜欢的工作,要么就只做你自己所喜欢能实现理想的工作,除此无他。

▶所愿非所现:所面临的环境不支持所建立的理想

Tom,贵州师大美术学院平面设计专业,2005 年毕业的本科生。Tom 参加了 2005 年的研究生考试,但是今年没有考上。因为 Tom 准备考研的时间比较短,在准备过程中又放松了复习,所以,在考研开始时,Tom 还有三分之一的书没有看完呢,结果可想而知。

对于未来,Tom 的打算是,要么能在国内考一所一流大学的研究生,或者是申请伦敦艺术大学平面设计的研究生学位。Tom 一直很向往伦敦这个城市,所以,把去伦敦留学也作为自己的选择。至于继续深造,Tom 想有更多的时间来学习自己专业的东西。毕竟 本科这四年 Tom 荒废得太多,再加上学校的原因,就更学不到什么东西了。

在一番了解后,Tom 知道申请英国的学位需要雅思 7.0 和相关领域两年以上工作经验。但是 Tom 的英语很糟糕,至今没有通过四级考试,专业还好一点,大学的专业平均分都在 80 分以上。英语从小到大都是 Tom 的烦恼,因为英语的缘故,Tom 已经错失了很多的机会,但自从学习英语以来 Tom 对它就不感冒,所以,在短时间内搞定它 Tom 自己也没有信心。倒是 Tom 家里很支持他,家里早就为 Tom 的前程准备了 15 万的资金,为 Tom 自己的选择做后盾。

Tom 以后想从事平面设计方面的工作,等积累了一定的工作经验以后就自己创业。拥有自己的一片天空一直是 Tom 的最大理想。但是目前最让 Tom 担心的是,父母对自己的投资可不可以得到回报,而 Tom 又非常想通过再学习来提高自己的专业水平和自信心。

Tom 目前的困境是如何确定自己的一个职业发展途径的选择问题,是深造考研还是留学学习?其实这只是个表面的问题,最深层的应该是目前走那条道路对 Tom 的创业理想有最大帮助和支持的问题。

考研和留学都只是促进职业发展的一个手段,是实现职业理想的一个途径而已,所以,Tom 目前最重要的问题不是要选走那条路的问题,而是确定的职业理想是什么的问题。只有确定了要实现的职业理想,才好对具体的职业道路作出选择和比较。

Tom 的案例告诉我们,要想让所面临的职业环境对自己的职业前程、职业理想有最大的支持,那前提是必须清楚自己最想要的是什么?自己要实现的理想是什么?在职业发展上,如果不知道自己要确定的出路,那盲目的赶路不但会迷失前行的方向,更会被所赶的路所羁绊,从而离目标越来越远。所以,在职业生涯的旅行中,我们不光是要赶路,更要知道此路的方向和自己要去的目的地。

▶所现非所见：所面临的职业环境不是要履行的职业通路

Rex，今年31岁了，Rex大学时读的是电气自动化专业，Rex之所以报这个专业，是因为那时电气自动化专业很火，只要是这个专业毕业的就可以有个薪水很高待遇很好的工作，而Rex的家里条件也不是很好，所以，Rex在高考报专业时选了这个专业。但在上了大学后，Rex才理解了这个专业，全是理科的东西，不努力学会是很难应付的，但既然选择了，就去学吧，好在毕业时会有一份好工作，这么想，Rex也就硬着头皮咬紧牙关坚持地学了。

1997年大学毕业后Rex果真得到了一份好工作。在国企工作，各种福利待遇很让Rex满意，工作不久还分了房子，父母也以Rex为荣，毕竟Rex脱离了农村，在大城市工作了。Rex这一干就是8年，从技术员也混到了副工程师的职务，工资待遇什么都提升了，但Rex却在今年3月份辞职，原因是Rex一直不喜欢所学的专业，几年来的努力也没让Rex喜欢，在任了12年之后Rex终于辞职了。

其实Rex在大学时就喜欢乐器，他平时的娱乐生活就是玩玩吉他。而这个爱好Rex一直都没有放弃过，即使在工作最烦闷的时候。在工作期间，Rex于2003年开始在中央音乐学院网院学习艺术管理本科（就是远程教育那种），当时Rex想的是为转型做准备。今年七月Rex就从中央音乐学院毕业了，所以Rex选择三月份辞职，去找相关的工作。

本来Rex准备找有关演出营销、演艺经纪方面的工作，Rex也为此做了许多准备，但是经过两个月的求职，Rex又有些困惑了。原因有以下几个方面：1. 周围的朋友，亲戚都说Rex的性格不适合做这行。2. Rex了解到做演出工作压力大、业余时间少，可Rex不太喜欢工作压力大的行业。3. 要做这行，Rex肯定要从底层干起了，因为没有工作经验，可Rex觉得自己这岁数从底层干起人家可能都不会要，没有年龄优势啊。

虽然在求职中 Rex 遇到了很多的困难，但 Rex 坚决不想做回老本行了，可又不知道该怎么办，是不是应该再重新选择一下职业呢，如果那样的话，Rex 为演出管理所做的准备不是白费了么？

像 Rex 这样三十岁的人再遇到选择适合职业的问题的确很悲哀，三十岁应该是而立之年了，而 Rex 却拔剑四顾心茫然，不知道自己的下一步职业选择是什么？

我们可以看到 Rex 其实一直很喜欢艺术方面的工作，自己一直也在学习和积累，但为什么 Rex 却一直没有从事自己所喜欢的工作呢？而且当 Rex 要去从事时却遇到了前所未有的困难呢？Rex 一直在做着自己不喜欢的职业——电气自动化方面的工作，并一做就是 8 年，再加上大学的 4 年，就是说 Rex 用了 12 年时间在做自己所不喜欢的工作，而为自己所喜欢的艺术管理方面所做的实际工作却为零，换句话说，Rex 用了 12 年时间终于决定了向自己所喜欢的职业发展。

Rex 给我们的教训就是，在确定了要实现的职业理想后，就要衡量自己所面临的职业环境是否可以支持和实现既定的职业通路。如果所面临的职业环境与职业通路相符那就大可去学习去发展，否则，就要依照职业通路来调整职业环境，以保证职业环境对职业通路的有利支持。如若不然，像 Rex 那样为自己不喜欢的工作而奉献 8 年青春就不值得了。

▶所见非所愿：所实行的职业发展通路不能实现所树立的理想

Kevin，25 岁，1999 年本科毕业，单身，家里经济一般，只是不欠债而已。Kevin 是 2004 年 1 月份进入现在的公司—SAE－香港新科——专门从事磁头制造的，特别是硬盘磁头，全球最大磁头生产商，大约占全球百分之三十的份额。Kevin 所在的部门是测试磁头性能的，主要是维护测试机的稳定，最近一直在跟一个新的测试机（自己公司研发的），项目进度很紧，工作太累，跟这个项目的人也少，很多人已有走人的打算，Kevin 的小组是辞职率最高的小组，很多新人来了没几天就走人了。

最近两个月 Kevin 除了睡觉就是上班加班，根本没有业余生活，而且这样的日子至少还要持续三四个月，Kevin 现在觉得特别累，就算熬过这几个月，对于将来 Kevin 还不清楚是怎么样的。硬盘这个行业，其磁密度几乎已接近物理极限，也就是在 Kevin 个人看来发展空间不是太大，也许几年后又得从事别的工作，这只是 Kevin 的个人看法。

Kevin 现在想辞职去考研，专业方向要确定的是新闻学，因为毕业这两年 Kevin 一直在工厂做的都是技术工作，实际上在工厂做过的人都知道工厂的技术是什么，所以 Kevin 对技术还是有点恐惧的，毕竟 Kevin 还没有真正涉及很技术的东西，但不做技术 Kevin 真不知道自己还能做什么。

Kevin 知道考研的压力很大，再说毕业后的就业前景也不是很明朗，Kevin 对自己的能力也不是太自信，毕竟这个行业的能人还是很多的。老板知道 Kevin 的想法后（辞职考研），就想破格推荐 Kevin 读华南理工的在职硕士，读完后 Kevin 在这个公司也就工作了三年左右，以后换行的可能性就很低了，因为 Kevin 对这个行业不是很看好。

目前 Kevin 的问题是，不知道是该待在公司还是辞职去考研，还有就是外面怎么看待在职研究生学位的，Kevin 想在自己这个人生路上的一个重大转折点上把握好，不要犯下什么错误，而由此耽误自己的未来。

Kevin 的职业经历按照所学专业及所做的工作，Kevin 走的是技术路线，而 Kevin 却要向新闻方面发展，也就是说，Kevin 现在所做的工作是不能够实现 Kevin 的新闻学的理想的。

Kevin 犯的错误是在一个不能实现自己理想的工作付出了太多，幸亏 Kevin 及时意识到了这个问题，所以，Kevin 才有了这个职业抉择的矛盾，是放弃已有的工作积累，还是从头开始学习？其实 Kevin 的问题很好澄清，那就是 Kevin 本人最在乎什么？如果他希望自己可以做自己喜欢的工作，那选择也就立刻出现了，也就不存在矛盾了，只不过Kevin要有为理想付出代价的心理准备。

Kevin给我们的经验就是，要想实现自己的理想，就要走实现理想的职业发展通路，而不是一味地被缠绕在无关的工作上，即使是自己曾为此付出很多精力的职业上。如果，这些道路都不能实现你的理想，那你就要果断再选择职业发展道路，选择能够支持实现职业理想的职业发展道路。毕竟人生有限，没有太多的时间去做无关的事，也没有多少时间让你去做自己喜欢的事。

职业生涯规划十大误区

大学生的就业问题从来没有像今天如此的被社会各界所重视，大学生职业生涯规划这个理念也是被三番五次地炒作，身处校园净土的天之骄子们也在跃跃欲试着规划着自己的职业生涯，这本来是一件好事，但在规划职业与生涯探索的过程中，大学生集中表现出以下十个观念误区。

▶职业规划就是职业生涯规划

很多大学生把职业规划和职业生涯规划与生涯规划相混淆了，认为职业规划就是职业生涯规划。其实不然，文字上的不同已经明确了其不同的含义。

职业规划就是通过规划的手段来找到适合自己的职业的过程。找到适合自己的职业是职业规划的核心标志，这个适合就是更多地在分析自己的基础上综合考虑外在环境的情况下作出判断的，适合的简单判断就是“人——职匹配”，这其中要分析三个因素：

一是“人”，“人”就是大学生自身，由包括性格，理想，价值观，道德等内在因素和专业，知识，经验，技能等外在因素所组成，分析“人”就是分析自我的内外两方面；

二是“职”，“职”就是行业、职业、企业、职位等外在因素（简称为三业一位）；

三是“匹配”，“匹配”就是“人”“职”互动的和谐适应。“人”“职”互动有两个因素要考虑，第一是工作方式，第二是生活方式，这个方式的适应是判定匹配的关键标志。从寻找适合职业的角度上说，把职业规划称为规划职业更容易理解其所代表的含义。

职业生涯规划，简单地说就是规划你从开始工作到退休的整个职业历程。职业生涯是你从事职业工作的所有的时间,职业生涯规划包括职业规划,自我规划,理想规划,环境规划,组织规划等。规划职业生涯的目的就是争取最大的收益,达到少走弯路,不走错路,避免走回头路的职业探索与奋斗征程,能够通过选择走最佳地路径来实现职业理想。其实,职业生涯规划的重要意义在于,一是可以最快最佳的实现职业理想,从而实现职业上的自我价值;二是因其职业理想的实现对个体生涯其他理想的促进和实现。所以在一定程度上可以说,职业生涯规划就是为了实现职业上的作为来推动人生其他的理想的实现。也就是说,职业生涯是人的最大的生涯,职业生涯对人的生涯的影响也是最大的,我们所熟知的判断别人的一个很普遍的标志就是这个人做什么工作的,工作做到了什么程度。

生涯规划,就是你人生从生到死的规划。这个过程中就会包括你的职业生涯规划,家庭生涯规划,社会生涯规划,生活生涯规划,休闲生涯规划,等等。

三者之间的关系用数学上的集合概念来说就是,职业规划包含职业生涯规划,生涯规划包含职业生涯规划。

▶职业规划就是功利的为找工作而准备

有这种观念误区的大学生一般都会认为大学是一个完善自我塑造自我的精神殿堂,而不应该功利的为了毕业后找到个工作就注重于知识,技能的学习和打造,而忽略了艺术、精神的发展。这种看法本身是对的,大学的确是个追求自由完善自我的地方,但也不是孤立的就把职业规划单纯地理解为找工作,有这种理解的同学本身就是对职业规划的不理解。

职业规划是为了找到适合自己的职业,如果可以在大学阶段最好最充分为日后的职业发展而准备,那就可以相应地加快个人的职业发展历程。找到了适合自己的职业就可以较好地发展自己的职业生涯,职业生涯的有利发展也会促进个人生涯的发展。我们可以看到,职业就是人生最大的课题。所以说，在大学阶段规划职业也是为人生负责的一种表现。

我们都知道人生有三不朽:修道立德，建功立业，著书立说。那建功立业就是职业规划的最大追求，建功立业并不是单单就找到一个工作而已，建功立业实现的过程本身就是人对自身不断完善不断发展的过程。可以说，大学生在大学阶段的自我完善的最终目的也是为了建功立业而准备而打造的。而人的自我实现也不过是找到一个适合自己的位置，那这个位置就是你适合的职业。所以，从这个角度上说，职业规划是站在自我实现，人生不朽的高度上来探索职业、规划职业的，并不仅仅是为了找工作准备，也不是功利地为了一时的高就而忽略了自身的发展。

▶职业规划就是找到赚钱多的好工作

有这种误区的人一是不明确职业规划的作用(这个第二个误区中已经解释了)，二是对好工作的标准有误解。赚钱多的工作就是好工作吗？好工作的标准就是赚钱多吗？工资和工作到底是个什么样的关系，这是个问题。在这个资讯发达，价值观日益多样化的今天，很难有一个大家都认可的统一标准。

好工作，应该有个社会普遍认可的标准，个人也会有对它的理解。但若从最终受益者和付出者的角度上讲，更多的应该是大学生本人有权作出这个较主观性的价值判断。赚钱多，只是给你工作劳动后的报酬比较多，这表现为一个结果，但这个赚钱多的工作你喜不喜欢，适不适合呢？从这个内在的判断上显然可以明确你所做的工作是不是好工作。从社会普遍认可的角度讲就更容易理解了，只有符合社会秩序法律的赚钱多的工作才是好工作，贩毒等破坏社会良性运行的勾当显然是不被大众所理解和接受的。

那我们再说职业规划和好工作的关系。职业规划是要找到适合自己的职业，那这个职业是否就是赚钱多的工作呢？这不一定。因为职业规划的出发点首先是适合大学生，其次才是薪酬高。适合大学生自身的工作才是职业规划所要达到的宗旨，而职业规划外的任务才是找到一个既适合大学生，薪酬又高的工作。所以说，职业规划的首要任务是找到适合的工作，除此之外才是追求高薪。

适合的工作和高薪水的工作又有什么关系呢？这里有必要把这两者的关系澄清一下。如果你真的找到了适合的职业，那你是一定可以拿到高薪水的。只是时间和精力的问题，因为在自己适合的领域工作，你会把自己的主动性和创造性淋漓尽致地发挥出来，那业绩提升的同时必然是薪水的增长。而单纯的不适合自己的高薪水工作，会让你在拿着高薪的无聊中把自己的创造性毁灭，从而会因不喜欢而导致工作的不胜任或懈怠，最终也会因业绩下滑而导致薪酬跳水。所以说，适合的工作可能因为暂时的不胜任而拿低薪水，但从长远的职业发展角度讲，一定会步步高升，"薪薪"向荣的。

▶职业规划没有变化快，还是走一步算一步好

在规划职业及规划职业生涯时大学生往往认为计划没有变化快，还是不要规划了，否则还要再去变通，还是走一步算一步稳稳当当地走算了。有这种意识的大学生混淆了规划和计划，规划和变化的关系。

先说说规划和计划的区别。计划是一种较主观的思考安排，而规划则是将主客观都考虑到的一项思考统筹安排。我们说职业规划是考虑了自我、环境、学业、理想、通路等影响职业生涯发展的各种因素后，结合自身理想价值追求而确定的路径安排，并且融合了职业判断，职业创新，自我管理等修正步骤在内的整体系统分析方案。而计划就没有这么缜密和全面了，计划更多的是表现为头脑一热，大腿一拍就草率确定的主观行为。我们可以在众多大学生安排寒暑假的生活中来明确这个区别，假期——计划落空的日子，这就表现为计划，一方面透露出了计划的不周密，另一方面也暴露了自我管理的不严格，当然还有其他的因素在里面。但如何规划呢？那就会在事前把自律性差，环境不具备

等因素考虑进去，并制定相应的应急预案。可以说，如果规划制定的不严密往往就会沦为计划，而缜密的计划就是规划。要澄清的是，计划和规划的区别并不仅仅是以执行的最终结果为判断依据的，而是以考虑的全面周到与否和执行应对严格与否来区分的。

制定了规划之后，随着问题的出现，如考虑不周到，执行不到位，修正不及时的潜在问题的暴露，部分大学生就会有放弃规划而顺其自然的想法。他们在想，既然制定了规划，也不是那么有效果，还不如踏踏实实地走好当下的每一步好呢！规划出了问题不一定是规划本身的问题，很可能是制定者本身的问题。如果说你的规划总是落在了变化之后，那只能说明你的规划是失败的，是有缺陷的，但你不能由此得出规划不如变化快的结论。

变化本身就是在规划中要考虑的因素和步骤，换句话说，就是最坏的结果最大的问题也是预料到的，即使预料不到也会通过修正步骤及时发现的，即使不能及时发现也会通过应急预案来予以解决的。所以说，变化是逃不过规划的，除非你没有考虑变化就规划，而没有考虑变化的规划是不能够叫规划的，最多可以称为计划。

还有一个误区就是，大学生往往搞不清规划和变化的相互关系，他们就会问：你是说先规划，还是先考虑变化？这个类似于先有鸡先有蛋的问题着实给大学生出了一个难题。其实任何抱着“先规划，还是先考虑变化”问题的大学生都是一元论者，他们孤立地片面地把一个问题的两个因素人为地割裂开来，这无疑是富于个性钻牛角尖的大学生的专利。问先规划还是先变化这个问题，无疑和你问司机在开车时右脚是踩刹车还是踩离合一样可笑。规划和变化本身就是一对矛盾，而规划之初往往也是最充分地考虑变化的，并且是在执行中最大程度的基于变化而调整方案的。

▶职业规划与大学学业是不相关的

职业是什么？职业规划是什么？这个在国外，从娃娃就开始了解培养的常识在我们国人这里却是在大学毕业的前夕——大三，大四才去考虑、关注和学习的。我们不说国内的职业教育与国外的差距，就单从国人从大学毕业前夕不得不找工作之时才开始了解职业，企业，行业等，才开始学习简历、面试等求职常识来说，就表明很多大学生都会误以为大学只是大学，尤其是大一、大二是不用考虑就业/职业问题的，只有在毕业的大四才是考虑就业/职业的理所当然的时候。这就是认为职业规划与大学学业不相关的表现。

讨论职业规划和大学学业的关系，其实这里一个前提是要考虑大学生个人对大学定义及个人价值观的问题。一些大学生认为大学，尤其是大一，大二是放松，考证的时间，大三是兼职实习的时间，大四才是面临工作的问题。我们先不说这种大学时代的生活安排合理与否，虽然这种安排确实不是最佳的规划，从这个安排来说，就论证了一些大学生对自己大学以及大学时代的价值判定。这虽然是个主观问题，而不是是非问题，但如果不解决这个主观价值判定的问题，就很难将两者联系到一起。关于定义大学作用的问题也可参考本文的第二个误区解读。

在生活中我们都知道“罗马不是一天建成的”，同样的“罗马也不是一天毁灭的”，从中我们可以了解到无论是个人还是国家的成就与衰败都是长期积累而导致的。再说个生活中的小例子，大家知道，水果腐烂不是因为坏了很大的面积才会腐烂，往往只要有个很小的地方受伤就会腐烂变质，从而导致整个水果都坏掉。

那大学生在职业上呢？在今天这个大学生就业形势严峻的时期里，一些大学生毕业时往往就面临了失业。我们不说什么有业不就，主动失业的特殊案例，就说那些想找工作但却找不到工作的那些大学生们，他们在失意的时候往往在抱怨本专业不好，抱怨学校太烂，抱怨大学扩招，抱怨社会企业太刁，抱怨家里没有社会关系，他们唯独没有回头看看自己的大学生活是怎么过来的？自己当初是怎么定义大学的？自己又是怎么安排大学生活的？

毕业找到好工作的同学并不只是在大四时才准备的，找不到好工作的同学也不只是大四才开始沉沦的，无论毕业时的就业结果怎样，那都是对你大学四年的总结和印证。所以说，大学学业的怎样安排是直接关系到你毕业后出路的，而且会在很大程度上影响你的职业规划以及职业前程上的作为。

▶职业规划和日常生活是两码事

在校的大学生们，包括在职场上多年的人士都认为工作和生活是两码事，是不相关的，对于他们来说工作是工作，生活是生活，工作时不谈生活，生活时不说工作。当然我们这里讨论的不是哲学上的联系，只是在两者相关性上探讨。

我们说，两者有关系，而且有很大的关系。大家知道，我们安身立命的依靠是工作，衣食无忧的保证是工作，甚至更高的建功立业，自我实现都要依赖工作。从这个角度和程度上，我们说职业影响生活，职业就是生活。如何理解这句话呢？不同的职业就会有不同的工作方式和思维方式，行为方式以及休闲方式，职业人生活方式安排的一个重要前提是遵循所做工作的职业工作方式。这里有必要把人生平衡的三大领域说一下，便于理解。人生要想取得平衡，那必须在工作、生活、情感三者上有一定的比例安排和收获，缺失任何一个方面，人生都是失衡的，不快乐的。

职业影响生活，你所选择的不同职业会直接导致你的生活方式的不同。如你做教师和做公务员，做营销和做管理的工作是不一样的，教师的作息时间是有寒暑假的，但公务员就没有了；营销讲求的是在推销自我中搞定客户，而管理追求的是在组织平衡中谋得最大效益。职业对生活上的影响是显而易见的，教师在安排旅游度假时是可以把寒暑假考虑进去的，但公务员就不能了；做营销要经常在晚上和客户交流，节假日要拜访客户，是要在情感和利益上和客户长期相处的；而管理要关心员工的生活和成长，晚上下属有事情或者公司有急事发生就要打乱自己的生活安排的。举例说，当你想要自由安排生活而固定的节假日有固定的作息时间时，就不要去选择外企，因为外企的工作是会吃掉你的生活的。职业是会影响你的生活的，所以，当你选择职业时，要多考虑的一点是这个职业能否给你想要的生活。

职业就是生活，从大的层面说，职业也是生活的一部分，做什么工作，怎么做，什么时间做等都是你在个人生活中对工作的一种安排。当你认为职业也是生活时，你就在一定程度上喜欢上了你的工作，把职业融为生活中的人也会在把生活当做职业来过。职业与生活本身在一定程度上道理都是相通的，这个理解在一定程度上更多地取决于个人在职场上的成熟度。

结合大学生的日常生活来说，大学生活中的谈恋爱，做实践，办活动，考试选课，同学聚会等都是活的，都是可以在一定程度上为未来的职业规划做出一定的探索和帮助的。比如说，当你确定了一个或几个职业时，通过各方沟通你了解到了这个工作所特有的工作方式，休闲方式，思维方式，行为方式等，那你不就可以在平时的日常生活中有意识地向目标要求培养接近吗？当你在日常生活中有意识地与目标职业要求趋同时，无形中你已经为适应企业的文化，圈子的生活方式等作出了最大的探索，那当你进入这个圈子时，你就不必再重新来适应和磨合了。因为你已经在大学阶段就培养了圈子所要求的方式了，而这种无形的财富又会为你的职场成功起到多大的加速作用啊！

▶职业测评是可以测出适合职业的

目前在大学生中有着这样的一种倾向或者说是迷信.通过做职业测评是可以测出自己所适合的职业的。我们先不说具体的职业测评到底有多大作用，到底有多大的信度和效度，就是单说测评这个手段，我们知道测评主要是依据于一定的行为投射反映内在心理，界定影响目标行为的关键因素并确定所占影响的权重，再结合一定的真实样本，通过测评个人对关键因素关键事件的反应来作出一定判断的。这个用外在分析内在,用假设判定现实的手段是不可以迷信的,最多可以参考一下,而且很多测评的常模都不适于我们国人的行为,还没有可比性的本土案例,这样就更加大了测评的风险性。

所谓职业规划,探索适合自己的职业在第一个误区中已经有所涉及。我们再补充一些找到适合自己职业的探索步骤。在校大学生探索职业的步骤分为五大阶段九个步骤。第一个阶段是谋定职业,包括职业自我分析和职业理想建立两个步骤;第二个阶段是意向激发,也是职业探索中的自我管理步骤;第三个阶段是理论规划,包括职业环境分析,目标行为参照,大学学业规划三个步骤;第四个阶段是实践启动,是最主要的实践探索验证步骤;第五个阶段是人职匹配,包括职业判断和职业创新两个步骤。大学生的职业探索过程经历了理论适合分析,实际胜任验证,企业契约认同,人职互动匹配等复杂的长期的系统的探索才可以敲定,并不是一个或几个职业测评就可以判定。

►职业规划是可以通过讲座等速成的

目前一些重视和关注大学生就业的商业机构、学校就业指导中心、学生社团等已经开始了行动。校园里很普遍的就是通过邀请一些职场成功人士或专业权威专家来学校举办讲座,在打着大学生职业生涯规划的旗号下来吸引和帮助大学生关注自身的就业——职业问题。当然这种善意的关心本身并没有非议,只是在操作的过程中给了大学生一种职业规划,职业生涯规划是可以通过讲座、通过活动等方式来速成的错误观念。

经过上面的一些分析和探讨,我们已经知道职业规划是一个必须经过实际验证的漫长历程,全面考虑才可以确定适合于自己的职业。不可否认的是,在职业,职业规划,职业生涯规划等各种讲座的宣传下,大学生已经对自己的职业前程有了一定程度的关心和对职业环境的认知,这是讲座等活动的有益之处。但真正适合的职业一定不是仅仅依赖理论讲座就可以找到的。

勤于思考和善于分析的大学生会发现，在听了N场讲座，参加了N场活动后，自己的职业问题依然没有解决，适合自己的职业依然没有找到，毕业后要发展的领域依然不明确，自身的职业理想、职业通路依然是一片茫然。这也就是讲座叫好不叫座的原因。事实上，讲座，活动本身能起到的作用能解决的问题是有限的，因为讲座或者活动更多的是一种针对团体的行为，而且参与讲座和活动的人是没有准备或者在准备不充分的条件下参与的，而且活动的反馈和跟踪是没有的，主动的个案参与是有限的，最主要的是时间也是有限的。所以，注定了讲座和活动只能是一种观念的传播和一种理论的解释，而不能够解决任何职业上的问题。

职业规划是不能速成的，职业规划的含义和探索步骤等内容都有解释。职业规划是不可能通过几场讲座或者几次活动，甚至是几次授课就可以搞定的。因为这里有几个必须要由当事人亲身在实际情景中探索确定的因素，而这些在理论上测评上课堂上是无法落实的，如职业自我在工作情境中的真实表现，个人在目标岗位和目标企业中的实际表现，个人对工作方式和企业文化的实际认同，个人在职业生涯中的实际修正等这些都不是可以通过理论上的假设就可以确定的，况且就是在实际的职业探索中这些因素也是不断变化的。技能、技术等操作层面的东西可以速成，只要掌握了正确有效的方法。但职业规划，是必须要以实际职业经历和职业能力塑造，职业潜力的开发等各个过程才可以初见端倪，自身定位是无法通过理论来速成的。

▶职业顾问是可以解决职业问题的

职场人士，大学生所遇到的各种职业问题，在市场经济下这些需求都直接促进产生了以此为经营的企业。但在职业顾问大肆炒作宣传下，传达给大学生造一个误解，那就是职业顾问可以解决一切职业问题。

我们遇到的职业问题，正规的职业顾问是可以帮我们分析出造成职业问题的原因的,这就如看病时的确诊。也是可以告诉我们几种不同的解决方案的,从中结合你自身让你选择一条最佳方案,这就如看病时的开药方。而职业问题和看病后的不同就在这药方上作用产生不同了,生理的病可以在服用具体的药物而得以治愈,可职业问题的职业解决方案却只是一种理论上的解决方案,而且最多也就是一种分析后的最佳方案,并不是我们所想象的找到了问题拿出了方案就可以把问题解决掉了。职业问题是要由你本人来具体实际参与才可以解决掉的,而且由于职业问题的产生是一段时间内累积造成的。所以,职业问题的解决也是要经过自身一段时间的探索才能够解决的。

▶职业规划只是大四时才要面临的事情

这个是很多刚上大学的新生所抱定的观念。的确,大学生的职业生涯是在大四毕业后才开始的,在大一时确实没有开始工作。这是否说明了大一和职业规划,职业生涯没有关系呢?本文的第五个误区已经说明了大学学业和日后的就业乃至职业规划是有关系的。这里是要从大一与职业的时间相关性和大一对职业规划的影响来说这个误区。

首先,大一开始的生活的确不是职业规划,而是学业规划。学业规划是要在实际的专业学习和探索中选择自己最喜欢最适合的专业来学习,并且在大学期间最大限度选择并精通一门自己最喜欢最擅长的一个细分领域,这个过程要经历谋业、博业、择业、通业、学业五个专业探索历程才可以确定。这里要说明的是,学业规划所选定的专业不一定是自己所学的专业,因为学业规划的根本出发点是在理论和实际的探索中找到适合的喜欢的专业,然后去深入学习这个专业。因为国人高考报专业的轻率导致的大学后专业与兴趣的巨大错位,这个错位的弥补只能由上大学后的大一大二来纠正和确定。

其次,职业规划准确地说一般是在大三面临就业时才遇到的。理论上说,当意识到职业选择时客观上就已经产生了职业规划的需要,所以,这个时间是完全可以由升入大学的大一开始,但由于体制的客观原因，国人的职业选择不可避免地要在专业确定时才好考虑，而这个本应在高三时解决的问题却延伸到了大学。由大一开始专业规划，专业规划后面临着职业选择，职业选择时产生职业规划。所以，从这个关系上说，如果你深谋远虑，那你就应该在大一时从职业规划的高度考虑专业规划，安排大学生活。

大学本是一体，无论怎么划分，怎么安排，其实最核心的还是就业，更高地说是职业，事业。让我们换个方式来说这个问题，如果以大学为半径，以职业为圆心，那么在职业这个圆上，大一和大四就是一样近的，两者对职业的影响也是一样远的。那么职业规划就不仅仅是大四才要面临的问题，而是你整个大学阶段都要面临的。虽然在时间的间隙上，先是大一，后是大四，但如果你大学的中心是一致的——是职业规划的话，那大一和大四是没有什么区别的，而且从实际的案例和效果来说，成功的人也都是准备充分的人，在职业规划上，我们推崇这样一句话：早选职业早成家，为国为她为老妈！大学伊始的大一同学们，你的大学是以职业为圆心吗？

本文所列举的十大误区，是大学生在规划职业与生涯中的一般看法，这些看法本身是没有是非之分的，但在职业规划职业发展的效能上来说是比较低效的，是注定是要走弯路的。所以，本着最优选择最佳规划的原则分别对其进行剖析。当然，大学生的具体问题还是要结合自身情况具体分析，本文中的一些误区看似有些交叉和重复，但都是从不同角度和程度上来说的，且不可断章取义或孤立片面地来理解，否则，就会陷入思考的误区。

像学习英语一样规划职业生涯

如果你问大学生在上学期间学得最多、准备最久的是什么，90%的大学生的回答，除了恋爱就是学习英语。英语已经占据了大学生的绝大多数学习时间和精力，英语四级就足以让一些大学生学两年，更别说英语六级、托业、托福、雅思，众多的英语资格考试在逼迫大学生花更多的时间来攻克英语难关。大学生本身也在外界的压力下更重视英语的学习，无论是时间，精力还是财力，都对其倾注了大量的成本。

我们这里先不去说学习英语的必要性和重要性，单就大学生对英语学习的热情和投入以及学习历程来说说与规划职业的共同性。

要有像从幼儿园开始学英语那样树立提前了解职业的观念

现在学英语更多的是从小孩会说话时就开始教些英语，尤其是条件好一些的就送到幼儿园里开始了英语的学习。从这个角度上来说，家长对孩子的前程不可谓不重视，那同样的也可以让孩子们早点了解社会上不同的职业，把职业的启蒙也可以提得更早些，而不是只是到了大四毕业时大学生才开始了解职业，甚至什么是职业还都不知道。当然了，这个观念的转变只有等到你当父母时可以实施，但你可以在大一时甚至更早时就把了解职业了解社会不同职业的任务提上日程。套用一句话来说就是：职业教育，要从娃娃抓起！

要有像从幼儿园到大学学英语那样长久的探索职业的准备

学习英语可不是只花我们一年的时间，我们从初中到高中到大学，好一点会从幼儿园到大学都会去学英语，但即使学了十多年我们的英语也不见得好，那看看现在大学生怎么找工作呢？更多的大学生只是在大四不得不找工作时才去了解职业才去为职业做准备，那这么短的时间又怎么会找到合适的职业呢？更何况大四更多的是跑招聘会去面试而没有多少了解呢？所以，大学生应该有为职业探索四年甚至更多年的心理准备和实践行动。借用一句话来说就是:选择决定未来,规划铸造成就。

要有像学英语找家教报培训班那样舍得对探索职业的投入

小时候学习英语我们会请个家教来辅导我们,上学了我们也会在课余参加什么新概念那样的英语培训班,商务英语出国留学更是要报班的,连大学时的四六级我们也会去报个培训班的。可见对英语的学习我们一直是舍得投入的,甚至是从来没有中断的。先不管报班到底有多大的作用,但是也会花这笔费用。但当现在的大学生探索职业时,让他花点钱做个职业测评,报个求职培训班或者找专家咨询一下时,他们就犹豫了,甚至连一本职业方面的书籍也不买。你说就这个投入,这样没有多大诚意的投入会带来多大的收益呢?借用一句话就是:四两只能拨四两,千斤只能拨千斤。别抱着四两拨千斤或空手套白狼的妄想。

要有像去新东方学雅思要出国那样树立明确的职业目标

在学英语时,我们音标不好就去报班学音标;口语不好就去报班学口语;语法不好就去报班学语法;想要出国就去新东方学托福雅思,在英语的学习上我们的目标是多么的清晰。因而,我们在学习过程中也会有针对性地准备和练习,所以我们的进步是很快的,也是很有效的,这都是因为我们的目标明确。但你问现在的大学生有什么职业理想,想找什么样的工作,他们就支支吾吾,说不清楚。所以,也就会出现盲目跑招聘会,网络上海投简历的普遍现象发生了。套用一句话:在职业上,如果你不知道自己想要什么,那你通常什么也得不到。

要有学新概念疯狂英语那样围绕目标来做多样准备的策略

为了学好英语,我们会选择很多个英语教材版本来学习,来深造。如果你学过英语,很可能你就会有《许国璋》《新概念》《走遍美国》《沛沛英语》《疯狂英语》等多本英语教材,你会把每本教材学上一学,看看每个版本的精华,从而通过不同版本不同途径来提高自己英语的水平,这个就是说你会为了提高英语水平的一个目的来采用不同的方法和手段。那在实现职业目标或探索目标职业时也是这样，如果你主观上树立了从事人力资源的职业，那无论是你可以直接切入到这个工作，还是间接的做行政工作或是管理工作，但你要始终清楚的是你的目标是做人力资源工作，而不是为了做行政工作而做行政工作。行政工作只不过是个跳板和学习的机会而已。套用一句话来说就是：你吃的是鸡蛋，别管它是什么鸡、哪的鸡下的。

要有像上英语角练口语和老外交朋友那样去做职业实践

为了学好英语，我们会时常光顾本校或者外校办的英语角，抑或是找个外国朋友或留学生交朋友，目的就是通过实际会话与情景会话来加强口语的学习，也会在和别人的交流中学习，最重要的是检验了自己的真实水平和总结了自己学英语的得失，并会在日后的学习中加以改进和加强。那大学生在职业上呢？很多大学生都没有在自己要做或者想做的职业上实习过，就在毕业找工作时盲目地确定职业契约。你说，那这个风险是多大啊？所以，大学生们应该像练口语那样，在确定了自己日后要从事的职业后，一定要亲身去实习实践，以检验自己的理论判断和明确本身不足，避免毕业签约后没过试用期就主动换工作的不良现象的重演。套用一句话来说就是：试了不一定行，但不试就不知道行不行！

要有像考四六级针对性复习那样探索不同职业的方式

上学时考四六级或者学考研英语，我们首先会对其题型范围和方式、词汇等进行分析，会在一个较明确的分析后制订与其相应的学习计划，而不是盲目地去学习，更不会在不加分析的情况下套用学四级的方式方法来复习考研英语。这就是说，我们会根据具体情况具体阶段来制订具体的规划具体的应对措施，不会搞一刀切。可大学生在找工作时呢？他们不会针对不同的企业不同的岗位定制不同的简历准备不同的面试，而只是投一份通用的简历，有着一份简历打天下的自信，甚至连自荐语都严重的趋同，根本不会针对具体企业的具体岗位的任职资格来针对性地做简历。结果就是海投简历，统一面试，导致求职成本的狂升和求职机会的骤减。套用一句话就是成功的人都有各自的不同，失败的人都有一致的相同。

要有像早上练口语晚上听听力那样寻求最佳职业的坚持

我们在学英语时会坚持一个学期甚至几个学期早上练口语，晚上听听力，长期的坚持和努力就会带来我们所期望的成绩。可是在探索职业时呢？大学生们往往急功近利，了解一个职业时浅尝辄止，熟悉了发展趋势，就不看工作内容了，看了工作内容就不看任职资格了，看了任职资格就不看工作环境了，看了工作环境就不看工作方式了，看了工作方式就不看生活方式了，看了生活方式就不看企业文化了，看了企业文化就不实践实习了……总之，很多大学生都是在信息不完备下准备不充分下就作了立刻的抉择。其结果往往是盲目地抉择导致快速地退出，无疑延迟了找到最佳职业的时间。借用一句话来说：我们都在赶路却忘了出路，结果是不可避免地走了错路，走了弯路，走了回头路。

要有像探索自己学英语的方法那样建立个性化职业道路

在学英语之初，我们的师长就会告诉我们要培养自己英语学习的方式方法，无论我们是看了什么好的学习方法，还是听了什么好的学习方法，我们都会在学习实践中选择适合自己的学习方法，并进一步结合自身来确定最适合于自己的学习方法来学习，即使在我们的学习方法不能达到我们所期望的目标时，我们也不会贸然采用别人认为好用的学习方法，我们一定会经过一个亲身体验实际验证后才会将之转化为自己的学习方法的。这就是说我们在学习英语时有一个形成个性化的学习方法和思路的观念，而不是盲目地模仿和采用别人的学习方法。在目标职业探索和实现职业目标上也是一样的，既定的通用的道路一定是有的，但因为每个人的情况不一样，所面临的环境也不尽相同，不宜刻意地不假思索不加验证地采用别人的方式和道路。借用一句话来说就是，如果你对了，那你的世界就对了；如果你遇到问题了，那一定是你出问题了。

要有像自己记笔记背单词学语法那样在职业探索中自救

在学习英语时,尤其是上课记笔记,我们会发现,笔记只能自己记。因为每个人的知识结构,领悟水平等都不相同,别人要记的不一定就是你要记的,所以,更多的情况下,只能自己记笔记。还有背单词学语法,也只能靠自己来学来理解,虽然别人可以给你解释讲解,但最终的领悟和掌握,运用都是自己理解的,在思考和执行的层面上是必须要自己来做的。所以,学好学不好英语完全在于个人,而不是什么环境和教材。

在职业上也是这样,顾问,专家,老师,教材,学校,家长,社会……都可以给你一定帮助和指导,但最终的理解和执行以及最后的效果都掌握在你自己的手上,外在因素最多是个影响促进的作用。所以,大学生在职业上所遇到的更多问题都是其本身所导致的,解决也只能靠大学生本人。从这个角度来说,大学生的就业——职业问题就在自身。借用一句话:天助自助之人,天救自救之人,自助才能得助,自救才能得救!

我们把学英语的一些要点拿来与规划职业做类比,其实两者本身有很多的相同之处,但最终的建议就是,如果大学生像学习英语一样规划职业,像学习英语一样重视职业规划的话,那大学生是一定可以抢在毕业之前把就业问题解决掉的。套用一句话作为结尾:先不要说你可以找到什么样的工作,要先问问你自己为就业——职业做了哪些准备?

在校大学生，如何规划职业生涯

职业生涯，是每一个人都要经历的，大学生与职场中人的区别仅仅在于时间的问题，既然大学生必须要经历一场职业旅行，那在校时要如何规划自己的未来职业生涯呢？如何利用在校期间为职业生涯做最大的准备呢？

大一与大四，离就业一样近！

大学生就业是要与具体企业联系在一起的，而大学生的工作也是在具体岗位上的，而企业招聘的原则就是招聘能够胜任这个岗位的人，而大学生在应聘企业时很多没有掌握“胜任”这个原则。具体地说就是没有知己与知彼。知己表现为许多大学生不知道自己可以做什么？喜欢做什么？想做什么？知彼就是不知道这个企业的文化、业务、岗位适不适合自己，甚至都不知道这个岗位的工作内容，就盲目地去应聘。

其实，大学生的就业是要与其大学学业联系在一起的。表面上大学生的就业是在大四时解决的，其实大四只是大学的一个收获时期，大学的学业是与大学就业整体地联系在一起的，大学生的就业问题不单是大四的问题。换句话说，是你在大四以前的行为决定了你大四时所面临的境况。大四的成功不单是你大四时的成功，而大四时的失败就是你大四以前所积累的，是你大四以前所决定的了。

有人会说，大一时这么早就面临就业问题，就准备就业问题，那大学岂不是太功利了，还怎么培养大学的人文精神呢？其实这只是对大学就业的片面理解，我说的是就业是与大学四年都有关系。是要对这个大学做一个具体的规划的，要抢在毕业之前把就业问题解决，这就是我们所要探讨的问题，而不是在大四时才被迫地去考虑就业问题。

大学时代，职业规划正当时！

那如何将大学学业与日后的就业联系起来呢？大学学业要经过这

样几个阶段，具体是在大几要看个人的情况了，我们只说个通用的步骤：

大一时，你要博业——通业

博业就是说你首先要看大量的书，从中发现你喜欢的知识领域；其次是你要大量地学习关于职业方面的知识，从中发现你喜欢的职业。看书会让你积累深厚和广泛的知识，为日后的应用打下基础，因为只有大学才是你专心看书的时光，错过就不再有了。比如说，你在看了大量的书后，发现你比较喜欢社会学这门专业，虽然你学的是营销。而你在看了大量的职业介绍和理论后，发现喜欢做帮助人的咨询工作。这就是你大一要完成的最大任务。

通业就是说，你把你喜欢的领域、职业的通用基础知识学好，学科领域与你所选职业有可能不是相关的。这不要紧，重要的是你要把这些通用知识学好。我们的大学其实交给我们的都是这个学科的通用知识，你会发现，如果你是学社会学的，那当你毕业后都很难把社会学这个概念说清楚，更别说什么职业社会学了。这也就是大家都抱怨在大学里没有学到什么东西的原因（我们暂时不考虑你有没有学，学没学好）。其实，在大学里，你只要掌握你要学的那个学科300个概念就可以了，那你就会对此有些自己的看法了。

大二时，你要择业——学业

所谓择业是在你喜欢的那个学科内再选择一个或几个具体领域，然后深入学习一年。如，你选择了职业社会学和社会心理学，那你大二一年就是要学这两门。包括所有的概念、理论与应用，同时进一步整理这个圈子里的一流企业、人物，确定你要进入的企业，在不断完善知识的同时，不断地关注这个圈子的人和事，并且建立一个自己了解这个圈子的渠道。而这个学习具体课程的过程就是学业。换句话说，就是在择业后你要安排学业了，要把学业规划提升到日程了，否则将会影响你下一阶段的效果。

大三时，你要践业——试业

如果大三下学期你发现你的选择是对的，那你就可以找个相关企业去实践了，这个过程就是践业。当然实习的目的一是在实践中检验你是否真的喜欢和适合做这份工作，二是找到你所欠缺的理论知识和操作技能，然后再去补不足。

如果在践业后你发现你的选择是对的，你就可以进入试业阶段了。试业就是真正的实习了。有直接的公司和工作，那你就去自荐做，如果没有，那你就要找最相关的公司和工作了。在这个实习中，就是要提前适应这个工作，尤其是生活方式上的适应，做到最大限度与公司、工作合拍、匹配，同时最大化地补充你所欠缺的知识与能力，还有操作性的技能，最大化减少你与工作的差距就是你此时的最大任务。时刻关注你要应聘的那些公司，看它招聘的要求，然后照着做，最好和这个公司的员工有联系，你可以方便地知道公司动态。而这个实习就是你的工作经验了，那当你要毕业时，你就可以应聘你在大三时就圈定的一流公司了。

大四时，你要迁业——求业

如果你在大三上学期的践业中发现自己不喜欢这个领域，那你就要迁业，再重新来选择。如果你对社会学这个大领域不感兴趣，那你就要再回到理论的学习中发掘了，如果只是你不喜欢社会心理学，那你可以在通业这个步骤再来选择，就是说再看看社会学领域还有没有你喜欢的具体领域了。

如果你在试业后发现你是喜欢的，而且也有向这个领域发展的欲望，那你就到了求业的阶段，就是要在毕业时找到一份适合自己的好工作了，而这个求业的新找法上面文章已经具体提了。

经过这个准备后，你要知识有知识，要经验有经验，公司和工作都是你自己选的，你又怎么会不喜欢呢？至于公司、工作有多大发展，那就要看你的眼光了。你想想，你为目标公司准备了两年，为就业准备了四年，你又在一个领域内主动学习了三年，那你的工作还用愁吗？你充实而又准备的四年带给你的是：你抢在毕业之前解决了就业问题，而且是你自己解决的。

毕业生四步搞定职业生涯规划

无边无际的太平洋中，一艘航船和一块木板相遇了。

“你要去哪里？”木板问航船。

“我要航行到墨西哥湾，你呢？”

“我，我也不知道我要漂向哪里。”

“什么，在广阔的太平洋中你却在漂泊……”航船有些着急。

“这又会怎么样呢？我已经从印度洋漂到了太平洋，还不是在走！”木板无所谓地说。

“可太平洋是你要去的地方吗？”

“哦，这你倒是提醒了我，其实我一直想去非洲的好望角。”

“没有方向的努力，只能是漂泊，永远也到不了自己要去的地方。”说完，航船向着墨西哥湾方向的航线驶去……

看了这个寓言你有什么感想呢？

当你离开学校进入社会时，你就开始驾驶着你的人生之舟在职业的海洋中航行或者漂泊。你可以选择像航船一样航行，也可以选择像木板一样漂泊，而决定这两者的只是你要行驶的目标，朝向的方向及前行的航线。此时此刻看本文的你，有要为之奋斗的方向吗？有要实现的目标吗？有要出发的航线吗？

▶努力的前提：方向正确

马上就要毕业找工作的你，在职业生涯发展上是否有明确的打算呢？在讨论这个问题前让我们先回答一个问题：什么样的工作才是毕业生找到的好工作呢？

或许你会以很高的薪水来作为衡量好工作的标准；或许你会以很高的职位来衡量好工作的标准；又或许你会以进入外企、500强为衡量好工作的标准；或许你会以进入民企私企有较大发展空间为衡量好工作的标准；再或许你会以找到与自己所学的专业相对口的工作为衡量标准；还可能你会以找到和自己兴趣相一致的工作为标准……

的确，高薪高位、名企外企、专业对口、兴趣相关、有发展空间等都应该是你找工作要衡量比较的因素，但你忽略了一个对于职业生涯发展来说最重要的一个因素：方向。

方向可以引领我们实现目标，方向可以引领我们规划航线，方向可以引领我们直达目标，方向可以使我们不走错路，少走弯路，避免走回头路。

大海航行靠舵手，毕业出征靠方向！大学生找工作前最重要的是把方向找到。尤其是把最适合自己的方向找到，然后再找具体的工作。磨刀不误砍柴工，这个道理在职业选择和职业发展上也是个真理。

▶毕业四步走：找对方向

话又说回来了，适合自己的职业方向又不是一天可以找到，是要经过一些职业的尝试和个性的磨合才可以最终确定下来的。所以，针对在校大学生的职业发展，我给的忠告是：大四这年找自我，第一份工作找方向，毕业一年定航线，毕业三年建理想。

1. 大四找自我

每个人都是要做具体的岗位工作的，而每个人的个性又是不同的，这就产生了岗位与个人，职业与个人的匹配的问题。所以，大学生的第一步就是充分地了解自己。大学生要知道自己的优势是什么？自己掌握了哪些技能？哪些知识？自己喜欢什么？自己要成为什么样的人？要过什么样的生活？自己的性格是什么样的？自己最看重的是什么？自己最不可放弃的是什么？要追求什么样的人生？……通过自我反省，亲朋分析，职业测评，专家咨询等综合确定自己的性格，理想，兴趣，价值观等影响职业选择和职业发展的重要内在因素。

2. 第一份工作找方向

首先要说的是大学生如何找自己的第一份工作。大学生在充分分析自我的前提下会对自己有一个较为客观的结论和主观的期望,这时候,你还要结合理论上的职业选择才可确定所要找的第一份工作。理论上的职业选择一是你通过看社会上各种可以看到的岗位描述来判定自己是否适合这个岗位这个职业;二是你通过上网看各种行业、职业的新闻、专题来确定你是否适合这个职业的生活及工作方式;三是你通过这个行业、职业的典型人物、领军人物的经历、工作和生活,来判定你是否适合这个行业、职业;四是你通过身边可以接触的人、事、职业,来判定你是否适合做这样的事和这样的人。

大学生从第一份工作中要得到什么呢?大学生找第一份工作的主要目的就是检验毕业时自己所做的理论职业选择,并检验在校时所确定的理论职业发展方向。因此,大学生在做第一份工作时,要多留心工作的流程、形式,工作中所接触到的人,所操作的事,是否是自己可以胜任的?是否是自己所喜欢的?是否是与自己所确定的职业发展方向一致?你的第一份工作要在检验方向中纠正方向并最终确定职业发展方向。

在第一份工作中有两点是要大学生注意的:一是努力的方向比努力本身更重要。南辕的努力是达不到北辙的方向的,虽然南辕北辙的故事大家都听说过,南辕北辙的道理大家都懂,但在职场中这种愚蠢的案例比比皆是;二是当你没有把一件工作做到最好时你没有资格说不喜欢。之所以这样说是因为,当你没有把工作做到家时你就不能充分了解工作的内容和要求,也就不能明确你到底是否胜任、适合这份工作,你也不能最大程度地发挥自己的能力和潜能。

3. 毕业一年定航线

为什么要在毕业一年后定职业发展的方向呢?这是因为你在做了第一份工作后,或许是第二份工作后,已经对自己的职业发展方向有了比较明确的定位,当然这个定位也可能是不准确的,但毕业之初你最大的压力是生存,重要而不紧急的为日后职业发展积累经验和能力。所以这时，你迫切的需要沿着一个稳定的方向再做两年，以积累相对集中的职业经验和行业经验，否则胡乱频繁地跳槽，很多的时间都是在职场打杂，更多的都是从基层做起，很难形成集中统一的职业发展路线。随即也就没有丰富的经验和能力的积累，就不能在选定的行业、职业取得系统的发展和成长了。

所以，毕业一年后，要先按上两步所取得的成果确定一个既定的职业发展路线，拾级而上，按部就班地前进和工作。当然了，因为此时你还没有确定所追求的目标，所以，更多的是在实践中进一步确定所确定的职业发展方向，同时相对持续、稳定地积累工作经验和工作能力。

4. 毕业三年建理想

工作三年时，职业发展的方向应该明确了，接下来职业生涯要发展的就是承担更多的工作，取得更大的发展，此时必不可少的就是确定一个较高的职业发展理想，而这时确立的职业理想是在充分地明确职业自我和充分的职业实践中建立的，其操作性、可行性都是很强的。理想谋定后就是工作进行时了。在进一步结合自身的情况下，你要再次确定适合的职业发展路线，同样地拾级而上，按部就班地前进和工作。至于理想可以实现与否，实现的程度有多大，那就要看你个人的努力、实力和潜力了。

在进行苦修和工作实践大四阶段，怎样明确找到自己的职业发展方向呢？

那就要清晰而深刻地回答以下三个问题：

第一，我到底想干什么？

第二，我到底能干什么？

第三，我为什么干这件事情？

当你可以清晰而深刻地回答这三个问题时，你就找到了你的职业发展方向。找到职业发展方向之日，就是你将职业转为事业之时，找到你的职业发展方向以后，你才是你人生之舟的真正船长！

第四章

未雨绸缪，各就各位向前冲

◇大学时代，职业生涯规划正当时。

◇职业生涯规划就是在处理"四所"之间的关系：所学、所愿、所能、所做。

◇喜欢什么就每天拿出一小时去做。

◇你的新生命将由关注自己内心和天职开始。

◇像学习英语一样规划职业生涯，像恋爱一样寻找完美工作！

新学期的成长规划

如果有效度过新学期？规划新学期，制订新计划，笔者给在校的大学生提供十条建议。希望大学生结合自身的情况选择一个或几个建议去做，将之融入新学期的学习生活中。

找一个学业导师

这里的导师是指对你的专业学习有帮助的人。导师能够让你把专业的理论实际化、应用化，更重要的是导师能够点拨你学习的方法，适时地纠正与指导你的学习方向。那谁又是你的学业导师呢？可能是你的专业课老师，可能是你学校的其他优秀老师，还可能是外校的老师，抑或是你在网上聊天、浏览论坛所认识的某个牛人。总之只有当你和那个可能的导师有深入的交流和密切的交往后，就有可能获得人家的认可，从而确定在学业的发展道路上带你一程。学有所成的人都是很忙的，所以和人家交流或邀请人家教你的前提是你有充分的准备，当你能和人家交流或共享时，人家就认为你是个很上进的孩子了。所以寻找学业导师是要更多地向牛人汇报，汇报你的近况和你学业上的每一点进步、问题，这样你和学业导师的关系就容易建立和维持了。

确定一个人生榜样

我们在一生中往往有很多的偶像。从明星到企业家、名人、伟人，他们都可能在某一段时期内影响着我们的言行。但在大学这个特殊阶段，我们要什么样的人作自己的人生榜样呢？毕竟大学生在毕业后是要就业的，要具体落实到某个领域工作的，所以在大学里的人生榜样是要在某个领域内卓有成就的一流人物。我们确定人生榜样的目的不一定是就成为他，而是让自己在大学生活里有一个参照学习的方向。如果你对自己的定位清楚，那你的人生榜样就很可能是你未来的职业发展目标。总之，成为他不是主要目的，研究他的成功历程，促进自己更加努力是当下的现实目标。

当你确定了一个人生榜样时，你就要反问自己“为什么想要成为他那样的人”。接下来你就要研究他的业内地位、主要功绩、奋斗经历、个人背景等，尤其要关注他曾经遇到的失败及克服失败的过程。他成名的年龄是多大，其成功的核心因素是什么，对他帮助最大的人是谁，他突出的优点和缺点是什么等。下一步就是分析你和他之间的最大差距，你打算怎样弥补这些差距，如果你的人生榜样是当代的人，那你打算怎样联系采访他呢？你能否做到给自己的人生榜样每周写一封汇报信呢？即使不寄出。

找一个职场贵人

这里的贵人是指在未来事业上能给你帮助的人。可能很多大学生会问，职场贵人应该是工作之后才要寻找确定的吧，现在只要找到了学业导师就可以了。其实不然，在一定程度上，学业其实是为就业而准备的，所以当你有一颗上进的心时，不能只管赶路而不去看路。职场贵人就是你未来职业发展上的向导，他会告诉你企业的真实需求，企业要你塑造的职业能力等，所以大学生是应该找一个职场贵人来指导自己的。职场贵人更多的是已经工作的职场人士，当然也包括自由职业、自主创业的人士，他可能是你老师的朋友，你父母的朋友，你的亲友，你的校友学长，你网上认识的那些人，你实习打工所结识的人，你访问职场人士所带来的机遇。总之当你抱着一个寻找贵人的心态时，在上网和生活中就要善于发现和交流了，我们也希望在校大学生在上网时，可以拿出一些时间跟已经工作的人交流联系。

找一个能带自己的学长

学长，很多大学生都认为学长不能帮自己什么。是的，学长确实和你差不多，确实不能给你现成的资源和关系，但学长刚刚走过的路是你未来可能要走的路，尤其是和自己同一院系同一专业的学长，对你的参考借鉴作用就更大了。学长能给你的正向作用这里先不说，你就去问学长现在后悔什么吧，他的一些教训是完全可以警醒你的，所以学长的经验——更准确地说是挫折——是对你有莫大帮助的。那怎么找一个能带自己的学长呢？其实这个是相对比较容易的，同一院系的上下届是最容易交流的，你完全可以在和上届学长或上几届学长的交往中确定自己喜欢的学长为自己的生活学长。其实当你多和学长交流时，你就已经得到了他的经验了，只不过如果他认同你，就会更加专业地带你；如果你想自己有更快的发展，同时建议你也带一个学弟，因为如果你要解答学弟的疑惑，你就要学更多东西。同样都是在外在的促使下让自己努力，带学弟可能更直接些。

做一次专业调研

现在很多大学生连自己所学的专业日后能做什么工作都不知道，但他们还是很认真地去学。这种“赶路不知出路”的现象导致很多学生毕业后不明确要从事什么工作，或者毕业后从事着与专业相关度不高的工作，导致教育投资无效。其实大学专业是由社会分工所决定的，每个专业都对应着一定的职业，或是直接的，或是相关的。总之专业设置的目的就是为能够从事一些既定职业而服务，所以不管当初你是怎样选择现在所学的专业的，你现在都要做一个专业调研，你要清楚自己目前拼死拼活所学的专业日后到底能够做什么工作，这些工作你到底喜不喜欢？如果不喜欢那就赶紧考虑再学习其他专业，好为未来的工作打下基础。

怎么做专业调研呢？你可以采访自己上一届的师兄师姐，带你的辅导员老师、专业老师，还有学校就业指导中心的老师等，你也可以和父母及其他亲友联系交流，最有效的是你能和职场相关人士交往，如人力资源职员，他会把企业的用人标准告诉你。不可忽视的是互联网和图书馆，这两者是你最大的老师，你的疑问他们也会给你解答的，只是你要付出一定的时间和精力。

进行一次企业访谈

什么是企业访谈？就是对你所感兴趣的企业进行一次深度调研，最直接的就是对企业的相关人士进行一次采访。其实大学生找工作就是找到一个企业接收你、聘用你，所以企业才是你发挥能力的平台，那了解企业、解读企业、调研企业就是大学生要做的一项求职必修课了。

你可以根据自己对企业的喜好和媒体的影响来确定一些企业，记住你调研企业的关键目标不是毕业后能够去该企业工作，而是让自己能够掌握了解企业的方法和渠道，能让自己更加了解工作世界。其次才是为大学时的实习、毕业后的工资着想。你要了解企业的创始时间和现状，企业的对外简介，企业的发展历史，企业的核心产品，企业发展战略及远景，企业所标榜的文化、用人理念，企业的部门机构设置，不同的部门都是做什么工作的。你要和现任员工、辞职员工进行交流，而不能偏信于HR或对外所宣传的材料。最好能够了解企业的竞争对手对其的评论，因为一个伟大的企业，连对手也会对它充满敬意，也要了解企业人力资源部门，要与招聘专员进行交流。不可忽略的要了解企业的创始人，现任掌门人，过往和现在的核心员工。总之最后的结果是做一个企业手册。而这个手册的效用会体现在：你是否适合到该企业及所属的行业工作，你是否知道该企业及这个行业对大学生的一般任职要求是什么？

访问一个职业顾问

虽然国内合格的职业顾问没有多少，但你仍然要找这些职业导师们交流一次。他们可能是你就业指导中心的老师，可能是某个企业的人力资源管理人员，可能是某咨询公司的总经理……总之，你要让号称是职业顾问的人士给你号号脉，做个职业体检。如果你真不知道找哪个职业顾问去咨询，那你就百度吧，再不行你就直接咨询北大、清华的就业指导中心的老师吧，他们一般是不会拒绝你的。但前提是你应该知道你要问什么？你要有个充分准备，如自我介绍，家庭背景等，总之你要为咨询和交流做好了解自己的基础工作，你的问题越明确，你提供的资料越翔实，你得到建议的可行性就越大。

组建一个成长小组

大学的自由让更多的大学生在学习上单打独斗，但是从效果上来讲，大学生真的能自我管理、自我监督、自我促进吗？自由背后是放纵，所以在大学自由的生活中很多大学生迷茫了、懈怠了。但是如果组建一个学习小组、兴趣小组呢？志同道合的几个人一起为一个目标去努力，相互提携、相互监督、相互激励不是更能促进你去学习和发展吗？可以说这种成长小组在一定程度上就是社团，但它是一个小圈子。大家为了考四级、写论文、搞活动等一个共同的目标去组建了小组，大家在圈子里有充分的互动和共享，更可贵的是它能激励你坚持不懈地努力，而不是因为短暂的个别的困难而放弃，而在外在小组促进你坚持努力时你也培养了团队意识和协调能力等其他更多的能力。希望你可以在新学期里组建更多的小组来促进自己。

做一个社会交往档案

你可能有这样的经历，忘了以前的一个好朋友是在哪里认识的了。忘了你们都交往什么。在校大学生问一下自己，在大学期间你打算认识多少人，都是哪类人。再回顾一下你以前的朋友同学还有多少在联系，你对他们的情况还知道多少？"朋友都是有用的，不是有这样的用处，就是有那样的用处，随着时间的流逝剩下的都是些有用的朋友。"这句话很好地阐释了人们的交往动机，但如何很好地维护老朋友、开拓新朋友呢？社会交往档案就能够很好地解决这个问题。

你可以建一个 Excel 表格，将大学生活中所交往的各层次、各层面的人进行一个统计。当然大学生本身没有更多的关系，不过我们可以通过更多的交流来创造关系。开拓人脉的方式有很多，活动上的交换名片，互联网上的聊天，社会实践上的交流等，建议把你结交的每一个朋友或你认为对自己有价值的人都做一个记录，包括你们是在什么时间、场合认识的？你们交流了几次、都是什么内容？每次交流你的收获是什么？每次交往你都是以什么身份、姿态、举止出现的，其中有什么不妥？你对他的交流方式和交流内容等定位是什么？和不同人交往你会采取什么方式……一旦社会交往档案做成，将会对你的大学及日后的每一个人生阶段都有意想不到的帮助，从而一生受益无穷。社会交往档案背后透露的，一是促进你维持关系，二是加深了解自己。

建一个职业成长日志

博客，很多大学生都有记博客的行为，他们希望在网上可以建立一个自己的空间，让更多的人可以更深地了解自己。可更多的大学生都是在记录自己的大学生活流水账，很少有记录自己在就业/职业探索上的每一步的。而职业成长日志的作用就是记录你在职业上的探索，见证你在职业上的行动。

什么时候要建职业成长日志呢？当你意识到就业的危机时，你就可以而且应当建立职业成长日志了。你有了一个明确的理想，你想毕业后找到一份好工作，只要当你有了一个明确的人生期望时就将之记录下来吧，让理想成为你日志的首页，看看从你确立理想到毕业时，你都为此做了多少努力和探索？国内对大学生的职业发展教育还处于发展时期，所以依靠学校的职业教育、指导在现阶段还是靠不住的，而职业成长日志就是让大学生发现自己、反思自己、督促自己。对大学生这个特殊群体来说，就业上一点一滴的进步和发展，都是迈向职业探索的里程碑。其实你完全可以将本文所述的其他九个方面也记录在职业成长日志里，因为这其中的每一个方面都是为就业/职业而做准备的。

成功的人不一定需要规划，因为即使不规划他也会立于天地间；而要成功的人是一定要规划的，因为你要取得生活与事业的双向成功，所以不规划是很难胜出别人的。

给大一学生的一封信

大一是大学的开端，是影响你大学其他三年的重要一年，所以你一定要走好进入大学的第一步，这样才可以为其他三年打好基础。只有你做到了步步为营，才能步步高升。

▶大一在大学四年中的作用

大一在大学四年中的作用有两个：一个是确定如何过大学的观念，另一个是确定自己所喜欢的专业。

初入大学后，我们就要在一个新环境中确立下一步成长的计划，而你在这个大学形成的第一印象会在相当程度上影响你对大学的期望和安排。如你羡慕校园中的对对情侣并向往，那大学给你的第一印象很可能就是“大学是恋爱的天堂”。如果你得意于大家的随意玩闹而乐不思蜀，那大学给你的第一印象很可能就是“大学就是睡觉的摇篮”，不同的第一印象会在很大程度上影响你对大学的期望与大学的过法，第一印象带来的影响至少是在一段相当长的时间内影响你的生活方式和思维方式，甚至影响你整个大学阶段的生活方式。所以当我们来到陌生的大学时应该尽量去看这个大学这个校园中积极的方面，如经常去图书馆，体育场，自习室等向上的地方，尤其要注意的是不能因为自己对大学或校园的一些负面的现象就武断地形成自己对大学的看法。这个时候我们要多问上届的师兄师姐，多和学校的老师，多与已经毕业的人交流，从他们的经历与经验中更进一步地去了解大学，毕竟先入为主的印象会左右你很长时间。

大一的另一个重要作用就是要在这一年内尽可能地找到适合自己并且自己喜欢的专业。这个是与毕业后的就业息息相关的问题，也是大一学生应该引以为重的关键问题。如果能通过自己这一年的努力找到自己所喜欢的专业，那你大学的以后三年将在一种充实巅峰中度过。因为喜欢的专业会让你如鱼得水，会让你活力四射，所以说当你能在一个领域用心学习钻研三年后，你一定是这个领域的一个小学者，那三年的有针对性地学习与准备在毕业时将是多么有竞争力啊，还会为找工作而犯愁吗。所以我们的一个解决就业的思路就是充分地针对性地学习一个自己喜欢的细分领域，力争在此领域的持续发展，那当你毕业后就业就不是问题了，而是步入职业发展快车道了。以下我们的整个大一阶段与任务的划分都是围绕这个问题来展开的，毕竟这是影响你成长的核心问题，也是你上大学的一个主要目的。

▶大一的阶段划分

校园环境熟悉期

熟悉校园环境，摆脱陌生感。因为你要在这个校园里度过四年的大学生活，所以你越早熟悉它越好，以减少因为地形不熟悉而带来的陌生感。和寝室兄弟或同班同学拿上学校地图，拿出一周时间把学校转个遍。先从了解学校历史开始，接着按照学校的区域布局把教学楼，食堂，图书馆，家属区，吃喝玩乐的地方都了解一下，尤其是大家私底下吹捧的地方都要了解清楚，如什么“伤心亭”“公主楼”都要做到烂熟于心，了解校园的历史与设施才能更好地融入校园文化。这同时也为自己下一步的校园生活带来便利了，何乐而不为呢？

明确校园资源，充分为我所用。了解校园环境是熟悉校园的硬件，而明确校园资源就是熟悉校园的软件了，毕竟大学在于大师而不在大楼。在这个阶段你了解学校的专业设置，学科强项，学科带头人，著名教授，这个你可以通过上校园网就得知，至于本专业的牛人你可以直接问辅导员或专业课老师；还有就是你要去图书馆完整看看，学校的藏书有多少，哪类书比较多，怎么借书，怎么在线浏览，怎么查阅资料。因为如果你学校的名师牛人不多，那你日后只好更多地借助与依靠图书馆和互联网了。

了解城市资源，建立自有渠道。要知道你首先是生活在这个城市，然后才是生活在校园里，所以你也要更快地了解这个城市，这个城市有哪些资源可以为你所用，可以给你带来便利和收益，你都要去了解，而城市对大学生的影响往往会超过校园对其的影响，所以去这个城市的信息港，地方网站，了解衣食住行，吃喝玩乐等方面。尤其是自己学校所不具备的资源更要去了解，因为这个城市给你提供的机会要远远大于一个学校给你的机会，所以学校有不足的地方就要通过这个城市的资源去补充。如你们学校的图书馆藏书少，那你可以去市图书馆或其他院校的图书馆；再如你所学专业的老师不够权威，那你可以去本市其他院校去取经啊。要在各方面建立自己获取这个城市的信息渠道，因为你的专业和学校的任何不足都可以尽可能地向这个城市获取，毕竟你是生活在这个城市的。

要学会借助互联网，告诉你一切。进入互联网时代的今天，早已是“世界不大，网大”的格局了，所以互联网是你最大的百科全书，是你大学里最好的老师。在一定程度上可以这么讲，利用好了互联网，大学不上也罢。因为互联网上有你所知道和所不知道的一切，你只要掌握了信息搜集与整理的能力，就可以在无限的网上遨游了。这不是耸人听闻，也不是大放厥词，而是的的确确的，包括你所看到的这篇文章所要介绍的内容也是可以通过互联网来得到学习的，可见合理利用互联网的魅力之大。那怎么利用互联网去查找自己所寻找的知识与信息呢？如何利用好这个最大的图书馆呢？如果你也有这样的疑问，那你就用互联网吧，去百度你的这些疑问，你就会亲身体验到互联网的魅力了！

个人反思定位期

定位个性自我，培养能力素质。进入大学的第一天你就要考虑你想让大学给你提供什么样的成长平台，你要从大学中获得什么，你希望在大学里把自己塑造成什么样的人，你想在毕业后拥有什么能力与技能，这些都是你应该在拿到入学通知书那刻起要思考的。在耳濡目染大学生活与使用互联网后你应该有这样一个思考：“人向何处去？”你想通过四年的努力将自己塑造成什么样的角色呢？你要成为个性的谁呢？你想培养自己哪方面的能力呢？你想补充自己哪方面的不足呢？在本子上写下十年后的自己，将自己的状态描述一下，包括什么身份地位，什么活动应酬，什么生活休闲统统畅想一下，回到现实中来你就知道你怎么做才能实现，现在要做些什么了。

树立职业理想，制订圆梦计划。每个人都有一个梦，每个人都想做点什么，你最想做的工作是什么呢？如果你自童年起就有一个愿望而一直没有实现，那大学的时光里为什么不去努力将之实现或最大化的向之靠拢呢？如果你还没有什么目标，那你为什么不树立一个远大愿望呢？日后创业做 CEO(总裁)，毕业后可以当 CEO，有这样一个职业追求不好吗？这样不就给自己的大学找到了一个要实现要努力的事情吗？或许你真的能力不够目前实现不了，或者你不适合那个目标，但你毕竟是在路上奋斗，日后也好修正和改变，最重要的是你在实际奋争中学习了知识积累了经验，而这些是那些原地踏步的同学所不具备的。想让你的大学充实和快乐起来吗？那么就确立一个理想，给自己找点事做，你会很快体验到那种为理想奋斗的激情和每一点进步的喜悦。快去制订你的圆梦计划吧！

高中同学交往期

因为刚来到陌生的环境，不可避免地是和以往的高中同学联系，这是每个新生都要度过的时期，在此期间有三点建议。

交流感情，加快适应大学。在一个城市的同学互相逛逛学校，聊聊各自的学校，聊聊大学的新生活，说说高中同学的近况，这种交流都是加快你适应大学生活的一种途径。但建议不要太沉溺于高中同学的关系，而忽略了建立大学的关系。毕竟在一个新环境下你要生活四年，多和大学同学交流，一起去上课，吃饭，游玩都可以，重要的是你要从此走出高中的圈子，要在大学里有个新起点，而且要尽快！

建立渠道，建立自己的圈子。在和高中同学联系交往时建议你有意识去分析他们，在了解他们中有意识地尝试建立自己日后的交往圈子。根据不同高中同学的特质，你要分类建立不同的圈子，并确定日后的交往方向，这将是你未来获取信息的一个重要渠道。所以在联络感情的同时也要考虑一下这个，如小张特爱学习，那你就可以确定小张是你的学习圈子的成员，日后想听什么讲座有什么考试你就可以去和小张多交流；小李爱玩篮球，那他就是你篮球圈子的一员，想知道篮球的消息就多问他。如此分类，将有助于你在大学更好地安排生活与学习。

保持交流，获取更多关系与机会。在差不多适应大学环境后，很多人就忽略或减少了和高中同学的联系，这里建议你继续和高中同学保持联系，无论是出于感情还是机会，你都应该保持。在日后大学中你们会互相帮助，在毕业后也可以互相照应，所以切不可因为一时的需要而忽略同学之间长期的维护。其实也很简单，同学过生日了一起庆祝一下或电话祝福一声，平时放假回家搭伴，节日送个祝福，考试前鼓励一下，周末搞个聚会，都是可以的，好好维护你的高中关系吧，因为高中朋友和大学朋友将是你最纯的两类朋友，工作之后就难求了。

大学关系建立期

在大学两个月后你应该基本的熟悉大学了，这时候你要开始着手于安排和计划自己的大学生活了，从认识人开始就是你行动的开端。

熟悉本班本系，确定交往对象。第一步就是从和你一起上课一起生活的本寝本班同学。一般来说本寝的都是本班同学，只是因为调剂或经济等原因才会与其他院系的同学混住。和本寝兄弟的关系就不说了，真正的小圈子，是第一要维护的。接下来就是本班同学了，因为初期的不了解，你可以多观察，多了解，然后在普遍来往中确定日后要结交的好朋友。本院系的同学也好认识，因为公共课，院系活动，尤其你要是在学生会，会结识很多本院系的同学。其实这些人也很好交往，毕竟大家都是初来乍到，都希望多认识些朋友，所以本寝、本班、本院系的同学你一定要多认识些，这些人说不定哪天会成为你的贵人呢。

了解更多校友，寻找益友同志。你还要结识其他院系的同学和学长，以便进一步拓展你的关系。可以通过听学校的公开讲座，去听不同年级的专业课，参加社团，参加校学生会，去校园网 bbs(论坛)，这些都是比较好结识关系的渠道。认识陌生人时要有一颗认真请教的心，因为校友毕竟会在一定程度上告诉你本校怎么样，城市怎么样，大学怎么过等问题，会让你更了解大学更快地适应大学。抱着请教的心去结识更多的校友，你也会在交流中少走很多弯路的，同时也拓展了你的关系网，在结识校友时要注意的一点是尽量找和自己兴趣相同的人，这样你就找到了志同道合的朋友，为日后的学习活动奠定了基础。

加强老师交流，寻找发展良师。老师和图书馆是你的最大校园资源，所以你要多和专业课的授课老师以及你喜欢专业的老师建立联系，争取找到一位导师。多上老师的课，在课堂上多发言，多学习研究专业课程，争取和老师在学术上有交流是认识老师的最好途径.尤其是尊重老师的劳动，上课要认真听讲，课后多多复习。结识老师的渠道可以通过校园网 bbs，或者辅导员，或是在课堂上直接向老师要联系方式。在有了老师的联系方式后，要建立一份导师交流日志，可以这样理解就是你要定期给老师汇报你的点滴成长，尤其是在老师指导与影响下的进步。老师可能不给你回复，但你要定期地汇报，使老师看你的邮件成为一种习惯，这样是很有可能找到你的导师的。

拓展校外关系，寻找人生贵人。如果你在前三步都做好的前提下，就可以适当的拓展校外的关系了，在方向上你最好要结合自己的兴趣或理想，确定一个或几个领域，在深入了解这个领域后整理出这个领域的一流企业和一流人物，要千方百计弄到他们的联系方式，如利用网络，或参加活动，或直接电话访谈，将自己介绍给他，并将自己的想法和追求以及希望寻求他的帮助都一一说明。如果你足够坦诚和热情，并有持久的坚持，他是会给你一定指导的，而这种关系一旦确定之后，那你会很快地成长。

学校生活适应期

要想很好地度过大一，在学习及生活层面就一定要有好的安排，以下两点是给你的建议。

学好基础课程，掌握必要能力。在刚上大学一段时间里，你可能会发现大学并不是你所想象的那样，你会对大学的很多方面都感到失望，你甚至会讨厌自己的大学，也会对学校所开的课程不满意。这时候你会选择游玩、逃避来应对这个失望。但在课程上，建议你不要如此，你一定要好好学习目前阶段所开设的所有课程，即使有些课程你认为没用或者是真的无用，但你在进入大学的这个初期一定要保持好学上进认真的态度，用高中时期十分之一的认真你就可以走到很多同学的前面了，好好学习现有课程一是为了避免在不了解的情况下作出错误抉择，二是延续和培养一个好的学习态度与习惯，这也是最重要的，是对你大学四年都有益处的。所以在这个时期培养学习的态度比学到了什么更重要，当然在不作弊的情况下你的分数越高也是可以证明你的能力相对越强的。

养成个人习惯，高效利用大学。一个好的大学在于有一种好的校园文化，同样一个成功的大学生在于建立一个好的生活习惯，或者说是自我管理的模式。所以大学的成功更多地建立形成了一种个人习惯。在学习，生活，交往，休闲等各个方面都有意识地培养自己的风格，都养成一套适合自身的行动习惯；培养一个好的思维方式和行动方式，是让你更加有效度过大学的保障。你可以在以上的访谈中明确大学的主流是怎样的，然后结合自身在各个方面都确定一个明确的风格，持之以恒地执行 21 天就可以了，如确定早 6 点起床，晚十点跑步，每天去图书馆 2 小时等，在每个学期根据自身的期望将自己的一天形成计划，这样就可以充实地度过每一天了！可以这样讲，大学生自身成功与否就在于是否能够形成一套个人习惯，是否能够建立一套适合的自我管理模式。事实证明，有个人习惯善自我管理的人是成功的人，是毕业后的佼佼者！

考试课程复习期

认真复习，检验自己品质。按照学校安排，进入 12 月份就是考期，因为这是你在大学里的第一次考试。虽然以往的 12 年里你久经考验，但这一次你一定要认真对待。你过去三个月来一直在认真对待学习，这次应该是收获和检验的时刻了，你不能作弊并且建议在大学里的所有考试也不要作弊，你就凭自己的努力去考试，这样你就可以给自己一个交代了，要知道这次考试不仅是考验你学到了多少知识，也是在检验你的品质，更是形成你对日后大学学习和考试第一态度的问题。

所选专业了解期

在进入大学一个月，如果你基本了解和适应了大学生活后，那了解本专业就提上了日程。了解所学专业大约需要两个月的时间。

访问相关人士，了解来龙去脉。当你接触到专业时，尤其是收到专业课的概论教材时，应该说你对本专业还不是很了解。所以这个时候你要做的是通过更多的人来给你专业的评价，包括辅导员的评价，专业课教师的评价，上届学长的评价，毕业后学长的评价，还有用人方对其的看法。在访问相关人士后你要整理出个专业访谈手册，从专业的学习课程，目前发展，日后趋势，就业情况，学习方式等各个角度做整理，然后制订了解专业的计划。

学习专业课程，检验兴趣能力。经过第一步的了解后你已经在第三方的评价下对本专业有了初步的想法，接下来就是学习具体的专业课程。这个时候可以通过图书馆和互联网去自学，而不必按照学校的课程计划，多去旁听本专业的高年级课程，一般是大二以后才开正式的专业课，在看书学习后去亲身体验，在学习了专业的各个课程后你就可以初步判断自己是否喜欢这个专业了。要注意这个过程只是大概的了解，以发现兴趣为目的，所以在时间上和课程上要灵活把握。如果你确定这个专业不是自己喜欢的，那就要进入下面的博览专业选择期。一般来说经过这个时期的探索后再确定自己对哪个专业感兴趣是更科学的。如果你经过不到两个月的验证就确定了学习这个专业，那就要恭喜你了。因为日后的大学生活你就可以专心地去学习了，你大一的目标就提前完成了。

博览专业选择期

博览各路专业，初步确定选择。这是广泛了解各个专业的过程，此时期大约要经过四个月时间。首先在网络或图书馆找到专业选择的书，详细地阅读，尤其是要注意国内所开设专业的目录，在看过每个专业的专业描述后初步确定要了解的一部分专业，然后是逐个专业的了解判断，具体方法请参照上步的第一点。经过这个过程后你可能确定几个专业，然后就是具体学习每个专业的核心课程，具体参见上步的第二点！

专业体验确定期

无论你经过几个月才确定了几个目标专业，在你一定的理论学习后，就要找个机会去亲自体验了，从而在理论和实践上都验证自己的选择。建议这个体验最好是在老师学长的带领指导下去从事相关的专业实践活动，如理科学生随师长去实验室做大量的专业实践，文科学生写专业论文或做社会调查，这个阶段最少要两个月时间，而且要系统地去做。

学习通用知识，亲身专业实践。在最终圈定自己所喜欢的专业后，你要学习专业的通用知识，将这个专业的概论看几遍就可以将这个专业的各个领域和研究方向相对地搞清楚，在看完专业的概论后你会发现你会对专业的某个领域更感兴趣，这时候你就可以去图书馆或互联网或从学长那里借来教材再去深入地学习一番，在进一步验证专业兴趣的同时也为下一步的学习奠定了基础。往往经过这个阶段后也就到了暑假，那你完全可以利用这近两个月的时间去从事专业实践活动，根据专业的未来就业方向和专业的核心课程来亲身的实践，如社会学的主要实际应用为研究社会问题，进行社会调查，那你的暑期实践就可以选择一定的社会课题，自己去实践调查，然后写调查报告，并就解决问题的方法提出自己的方案，这个过程就是很好地检验你专业兴趣的方法，一方面让你学习了理论知识，另一方面让你进行了专业实践，而收获的最大意义在于你能明确地知道自己日后是否喜欢这个工作，从而决定你是否要学习这个专业！

在大一时期找到适合自己的专业，其实更准确的是找到自己的兴趣。找到自己成长方向的兴趣，对于短暂的大学来说是刻不容缓的。因为专业的确定过程是由大学生自己来验证选择的，所以难免因个人的执行不到位或了解不透彻而一时就确定了喜欢的专业。其实这只是大学生在自我确定专业选择过程中可能出现的问题，即使大一阶段的专业选择不妥，也会有大二阶段的纠偏修正过程，毕竟当一个专业的通用知识和专业知识你都学了时，是否喜欢的判断就会由此可见了。最重要的是大学生这样一个观念和方法，只要你有未雨绸缪的心，去更深入地了解，有更充分地准备，无论是专业选择还是职业选择都是可以确定的，只不过在执行的过程中你要有一颗警惕的心，要在充分准备的前提下去作主观判断，这样所作的决策就比较科学和适合自身。

▶大一可能遇到的问题

大一是大学的开始，又是高中的延续，所以这个承上启下的重要阶段对于每个大学生来说都是全新的，都是在摸索中度过的。而没有指导和交流的摸索往往是刚刚过出大一的味道就已经步入大二了，而在这个多元化的时代里，大学生活是丰富多彩和千变万化的，为了更快适应大学环境，高效地度过大学生活，笔者特把大一时期容易发生的问题做了一个总结，期望可以给正在读大一的和欲将上大一的学子们一些借鉴！

过多与高中同学回味友情，忽略大学同学关系

刚来到一个新环境，每个人都希望和自己熟悉的人多来往，所以很多大一学生往往都会同本城市的高中同学进行较多的交流，一方面弥补一下高中时期紧张学习而无暇游玩的沉闷，另一方面进一步维护高中同学关系为日后打下铺垫。其实这些想法都没有错，只是你不能过多回味高中而沉溺在高中阶段。高中和大学是两个时期，是不同的，你不能因为和高中同学熟悉就忽略了大学同学关系，毕竟你又进入了一个新环境，是日后你要生活的环境。至于如何安排与高中同学的交往和如何建立大学关系，本文第二部分有详尽的说明，这里只是给大一新生提个醒。

自由过多，无人引导的迷茫和目标的缺失

大学与高中最明显也是最本质的特征就是，大学自由过多，没有以往高中老师的孜孜不倦地指导和无时无刻地监督。这也是国家教育体制的问题，高中过紧大学过松，这直接导致了大学里的自由过多，一天除了上课和院系组织活动外其余的时间都是自己的。利用这么多时间去做什么呢，没有了老师的指引，没有了考大学的明确目标，就无所适从了。如果这个时期又赶上体验不到大学的快乐，那就会对大学产生怀疑，对以往高中的努力感到不值得。对自己负责的大一学生就会在此时给自己树立一个目标，如期末考试全班第一名，如利用一年时间找到自己的兴趣，找到自己喜欢的专业，一年内要看遍图书馆里的所有书等。只要你在大一时有了一个向上的目标那你就会感到充实。所以当你无所作为时你可以憧憬一下毕业后的自己，那你就知道现在要做些什么准备和努力了！

一心想要了解社会，参与社会实践活动

走出了父母师长限制的大一学生感到了自由，也认为自己一直在读死书，所以一直想要跃跃欲试地走到社会里做实践。但由于自身的阅历浅总是在做些“垃圾”工作，这里所指的“垃圾”工作是说和你的学历无关和你的专业无关并不锻炼能力的工作，如你去体验餐厅服务员的工作，如去发传单等，这些工作本身并不“垃圾”，也无贵贱，但是大学生要去做这些工作前要考虑一下，能不能做些和自己专业和知识相关的工作，如家教，专业方面的工作等。其实从大一这个阶段来说并不建议去做社会实践，这个工作是大二以后的事情。但如果一些大一学生一定要去做的话，建议和上届学长一起去做，毕竟他们有些了解，这样实践的活动就会相对好一些。还有一些误区要避免，大一的实践不光是为了赚钱，但不赚钱而锻炼能力的工作也一定要去做，很赚钱但不怎么锻炼能力的工作要少做，如广告专业的学生去广告公司做业务不赚钱但也要去做，如发传单很赚钱但只能做几次。

紧盯兼职工作，不惜为赚钱而占用学习时间

只是单纯的要兼职工作的有两种人，一种是家庭经济不好的同学，另一种是通过赚钱证明自己的同学，其本身并不缺钱。无论是出于何种目的的学生都要提醒你，要有个度，不能因为赚钱而耽误学业，否则就是喧宾夺主得不偿失了。没钱上学的同学在赚钱上学的同时不要沦为赚钱的工具，差不多够生活费就好了，学费国家是有政策的；就是要赚钱的同学别钻到钱眼里了，混个文凭好混，学点知识难。总之大学就是发现自我发展自我的一个重要时期，大学是一个全面充实自我尽情扬长补短的最后时期，所以任何外物都不足以与其相比。毕竟赚钱是一辈子的事情，而大学就只有短短的四年，过了大学你就失去了人生最后一个自由学习自由完善的时期，这种感觉是日后无论如何也找不到的，所以多学点少玩，多看点书少睡觉是你对待大学的最好方式。再说如果你赚钱是为了上大学，那就不能为了单纯的赚钱而不学习；当然如果你上大学是为了赚钱，那就无可厚非了，但提醒你上什么山要唱什么歌，别为自己的选择后悔就好。

拼命挤进院校学生会，进入后却无所事事

大学里学生会算是一个权力机关，也是认识更多人的一个渠道，更是给自己增添荣誉的地方，所以每当新生开学后不久，校院学生会就会针对大一新生招新，在各种宣讲会和学长师长的指引下，很多大学生都加入了竞选学生会的活动。当然学生会能够存在就证明是有一定意义和价值的，在这里笔者不是反对大一新生加入学生会，毕竟学生会缔造很多的校园神话；这里要强调的是无论你当初抱着什么期望加入学生会，一旦进入了就要作出点成绩学到点东西才算是对自己的交代，否则就是找关系在学生会里署个名是没有任何意义的。和本部门的同学多交流，和辅导员及相关老师建立好的联系，拟订对本部门和学生会的看法和建议，多做具体的活动，多和学长交流请教，利用好学生会这个平台去补充你目标中的东西才是上策。所以当你加入学生会后一定要给自己个目标，如要当上部门部长，要认识十个老师，要锻炼自己的组织能力等。

盲目参加各种社团，三分钟热度参与活动

社团是校园里又一个活跃的群落，而且是最自由的群落。每年的社团招新更是层出不穷千变万化，学校里实际的活动基本上都是由社团来承办的，但社团因为要受制于团委并很少得到校方支持，所以社团的生存和发展也是很艰难的，可这却不能阻碍社团的活动和热情。在开学伊始学校各大社团都会招新，尤其是针对大一新生的，很多新生都会加入 N 个社团，但往往在社团活动并没有真正地参与活动，失去了加入社团锻炼自己的意义，甚而在社团宣讲会上就决定退出了。建议大一新生在详细考察学校社团后，尤其要注意学长的意见，再选择三个以内自己感兴趣的社团加入。太多了是无暇参与活动的而且会占用更多的学习时间，一旦确定加入社团后，就要积极地参与社团的活动，在确定某部门后要努力地为部门工作，虽然社团是松散的群体，但在和共同志趣的同学一起筹划举办更多的校园活动时你本身也是进步成长的，切忌三分钟热情，那你是什么也学不到的。

困扰于学校名气和专业，自暴自弃不思进取

大一新生绝大多数会为自己的学校和专业而困扰，这更多是高考制度惹的祸。或是高考发挥失常，或是志愿填报失误，或是服从分配的失意，总之众多的原因会让很多大一新生埋怨自己的学校和专业，学校名气小，环境不好，专业不喜欢等都是可能发生的问题。这种制度性造成的问题只能由自己来承担和改变，可一些学生就因为这个自暴自弃，或退学复读，或消极对待。当然能够转换专业是最好的，但国内大多学校是不具普遍意义的，所以很多学生选择了消极对待，专业课不去上，逢高中同学就抱怨等，这种态度当然不是我们提倡的。其实一个学校的名气最多影响你三年，一个你不喜欢的专业最多影响你五年。这些都是在毕业后的一段时间里，毕业后的三年里用人单位会很在意你的出身，但三年后就主要在乎你的工作经验了；专业最多在选择岗位和行业时阻碍你，但如果你能够利用大学期间找到和学习自己喜欢的专业，那你所学的专业对你的影响就会缩小到三年以内。因为当你在放弃你所学专业时，你已经找到了自己喜欢的专业并且积累了一定的专业知识，而这等于你自修了一门专业。所以当你为学校名气和专业而苦恼时，重要的是去行动，去探索专业发现兴趣吧。

过度娱乐放纵自己，耽误基础课的学习

高中过于紧张的学习让学生失去这个年龄段应该有的娱乐，所以当考上大学后很多学生以为就完事大吉了，就前程无忧了，或最起码目前是无压力状态，是全放松时期。将以往失去的快乐补回来是很多人的想法，使得大一这个本该继续积累学习的时期沦为大家的喘息放松期。大胆地玩，尽情地玩，以前想玩没有玩的要玩，现在玩过的还要去玩，总之就是要最大限度地放松。不管一切，把高中失去的，包括童年时失去的统统都补回来，大一就是集体无压力状态。为了玩，为了玩好，也往往会占用上课时间，占用学习时间。而大一本来是打基础的时期，所以这会将本该大一要做的事情无情地转嫁到大二或以后，而大学本是一体，应该步步为营的阶段却被压缩和推移了，所以这个时期，如果谁仍然保持旺盛的学习劲头，谁无疑就走在了别人的前面。

沾染游戏等难以自控的活动，浪费大好时光

源于上面的观念指导，一些大学生开始了玩游戏，打扑克，打麻将等游戏活动，这三项都是最浪费时间的活动，是时间杀手，一旦沾染就比较难以自控，会极大地占用你大好的时光。在虚拟的游戏中大玩特玩，除了锻炼了技巧更多的还有什么收获呢。打扑克，打牌都是消磨时间的项目，要知道大学生四年的时间是有限的，尤其是在大一这个打基础探索专业的时期是最重要的。了解大学探索专业是要你大量的学习，是没有什么更多的空闲时间让你来玩，所以适当的放松，如跑步打球是可以的，也是有益的，是劳逸结合的好方式。而这三点是大学生千万不要碰的。如果你不小心已经接触了，也要马上改掉，否则你的青春就真的匆匆流失了。不要抱着自己意志力强的态度去冒险，也不要想当然的玩一玩而已地去接受，避免沾染难以自控的活动最好的方式就是不去碰它。

过早涉足爱河，贪恋幸福中葬送更多时间与机会

恋爱本身是无公害的，但却是伤个体的，尤其是在控制不当的情况下，一起自习一起学习，共同发展共同进步是其积极作用，也是大学生所追求的效应。没有爱情的大学是寂寞和无聊的，但不能因为避免寂寞和无聊去追寻爱情，大学里的爱情是单纯的。但大学更是需要单纯的，不建议在大一时就过早地涉足爱河，在控制力低下的年龄，爱情对你的副作用是大于正作用的，请所有要恋爱的大一学生三思！其实找到了一个追求，你就不会无聊和寂寞了，所以当下之急还是确立大学的目标比较好。

全靠自己摸索适应，不在交流请教中了解大学

时代是开放的，是多元的，大一学生千万不要在封闭中进行自我开发和成长，一定要在交流和请教中度过自己的大学。毕竟过来人的经验是有帮助的，如果你完全凭自己的感觉去过大学，可能会错过很多，最可悲的是当你明白时大学已经不在了。所以多和各种人士交流大学的作用，大学的过法，对你是有帮助的。俗语说，三人行必有我师。大一学生更要以开放学习的心态去安排和度过自己的大学，无论在哪个阶段什么问题都多问问过来人，对自己绝对是有益无害的。

给大二学生的一封信

如果你处于大一下学期，即将上大二，此时你了解阅读本文对你的收益是最大的，因为你的大二还没有开始。如果你现在已经处于大二下学期，那么你可以参考本文衡量自己这半年来的成绩，并有针对性地去做最后的弥补。

▶大二在大学四年中的作用

大二时期在大学四年中的作用主要表现在三个方面：一是在通业的基础上确定专业发展领域并深入学习，这是大二学生最关键的任务，毕竟学业才是大学生的第一要务；二是在了解行业和职能中确定工作发展方向，也就是说，大二学生要一手抓学业，一手抓职业，在以学业为重的情况下兼顾职业的学习、准备；而连接学业和职业的桥梁就是这第三点：以能力为本位的实践，实践一方面检验、促进学业，另一方面也能了解、体验职业。

确定专业细分领域（择业）是非常重要的，因为很多大学生在学习本专业时，仅仅是按照学校的教学安排和课程来学习。其实这是很被动的，由于各校情况不一样，有的学校专业课程开的都不全，所以学生还是要主动学习的。而学习也不能什么都学，一定要在一个领域、方向上积累，这样才容易出成果。

确定行业和职能发展方向，这是在为大四的就业分忧。因为影响大学生就业的因素就那么多，行业和职能算两个，在行业上定向、在职能上定位，大二学生就已经为毕业时的就业定下了基调。

锻炼能力成为很多大二学生的共识。但是锻炼什么、怎样锻炼就成了困扰他们的问题，是扬长避短还是扬长补短？其实能力的锻炼和提升是要考虑自己所确定的职能的，职能确定后就会分化为具体的能力。之后大二学生结合自身优势和职能下的能力就可以有针对性地参与校园活动和社会实践了。

如果要大二学生在结束大二时有意义、有收获的话,那也得体现在这三个方面:确定了一个专业细分领域,如确定向经济学的微观经济学方向发展;确定了行业发展方向和职能锻炼方向,如确定了向环保行业和营销职能方向发展;在有针对性的实践中提升了个人优势及职能所确定的一些能力,如进一步提升自己原有优势的组织能力、锻炼了营销职能下的表达、文案写作能力。

▶大二的阶段划分

本文根据操作性,将大二时期要面临的任务划分为不同的阶段。

体验专业确定期

如果你还没有确定自己所喜欢的专业,那你就要重新来过,可以参考《给大一学生的一封信》和《专业探索》两篇文章,也就是确定好适合自己的专业是所有大学生的必修课。因为本文所提倡的都是基于你在确定适合自己专业的基础上的。

确定喜欢专业,学习通用知识。在当你有幸在大一的一年里确定了适合自己的专业后,大二的前两个月,当然这个过程最好在大一向大二过渡的暑假里做,你就要对刚刚确定的专业进行学习和体验,以进一步验证你的选择。学习专业的什么呢?拿一本专业通论类的书,这个过程更多的是自学,最好去图书馆去借一本最厚的专业通论书,精读十遍或者手抄一遍,或者按照书的结构去网上下载资料重新整理出一本通论书,这三种方法是学习专业基础、进入一个新学科的最好办法,很笨但很有用。怎样确定专业通用知识呢?问老师、大四的学长是一个办法,还可以去网上搜索,但你还可以依据专业通论书上的章节去确定日后要学的专业领域。因为专业通论书(概论)是一个学科的最全面最精要的介绍,所以每章都是一个细分领域。以此为据,你就可以知道日后自己要学什么了,那么去图书馆去借相应图书,按部就班地去学就可以了。

检验专业知识，确定自己是否喜欢。当你经过一个较系统、全面的专业学习之后，是否要学这个专业、是否适合、喜欢，你就有了自己的答案。但这里要提醒大二学生，你学习、体验是有标准的，否则你就会偷工减料应付自己了。一是你可以连续不断地一个小时讲述专业的知识，二是你可以和某个专业领域人士探讨一个问题。这两点是衡量你到底掌握了多少专业知识，也算是你对两个月学习的回报。记住：喜欢是有标准的，不喜欢是有条件的，在不了解专业的时候你是不能主观臆断、以点滴信息做结论的。当然，如此的周折对你自己也是有益的，毕竟你可以在两个月专心学习一个专业了，即使最后的结论是不喜欢，但你也会得到意外的收益。

专业基础——通用知识学习期

经过如此众多的阶段学习和反复验证，你终于确定了适合自己的专业，那接下来就是详细具体的学习了。

看专业图书。当你确定了一个专业如社会学之后，你要将社会学领域的图书都看一遍，这是自学而不是跟着学校所开课程去学。你自己去图书馆逐个看专业领域的教材，要注意看的是教材而不是其他的专业书，每本教材背后都要有你的笔记，笔记的内容不仅仅是教材的重点，更重要的是你自己的疑问和思考，包括你以自己的想法去改变教材。阅读是加强专业基础学习的第一道关。

听专业课程。因为你是自学的，所以你很可能要竭尽所能地去找自己目前所学的课程。你可能要去旁听本校高年级的课程，可能要去本城市其他大学去听课，但你也可以去互联网上去搜索讲义、听开放性课程，还可以和这个领域的专家、学者以各种方式交流，跨国界的沟通工具，E-mail（电子邮件），论坛留言等都可以实现你的远程交流，所以学习的空间是广阔的。

和师长交流。自己学校的老师，同城学校的老师，互联网上可以联系到的老师，都是你可以利用的资源，只要你敢于请教，就不怕得不到回答。但要注意，千万不要问那些基础、入门的问题，这些是你自学时的任务，有争议、不同看法、独特看法、建设性意见是老师比较喜欢的，因为这些证明你真的关注和学习了。请教的礼仪也是你要注意的。

看专业相关图书。当你空闲了，看不进去专业教材了，你可以找些和本专业相关的书，如与专业交叉的学科、通俗解释专业的书、专业的刊物、专业应用类或与专业有关的应用类图书，这些简单、边缘、交叉、应用的图书可以开阔你的视野，也能让你更全面多角度地了解自己所学的专业。要注意不能喧宾夺主，毕竟专业的基础教材是你学习的正餐。

通业兴趣学习期

初步确定专业细分领域。当你在充分学习专业通用知识后，你会因个人兴趣而确定几个专业细分领域。可能是你为一个理论而感兴趣，可能是你在研究后的倾向，也可能是你在满意地讨论一个话题之后。总之，只要你看了专业的全部领域或仔细学习之后，总会初步确定喜欢的几个细分领域。但是这种确定只是初步的，因为会发生你不了解全貌或只掌握了一些而作出决策的情况，所以下一步还需要你对具体的领域进行学习和体验。

逐个深入学习专业细分领域。你需要对选择的几个领域逐个进行深刻地学习、研究，目的就是全面、准确地了解一个领域，避免因为信息不足出现错误决策。此时你要有针对性地作出学习研究计划，这个过程才是专心学习、专业研究的时刻，这短短的几个月对你大学的四年都会有很大影响。很可能你毕业时的论文或者日后的发展方向就出自这个阶段的钻研。

在体验学习中确定专业细分领域。在细分领域钻研过程中，尽量和老师、同学、学者等业内人士交流、讨论，这是促进学习、交换思想、增强体验的方式。你也要多研究这个细分领域对社会、生活的作用和影响，应用性学习和研究是保持学习动力、确定未来就业方向的探索途径。工具性、实践性强的专业还要找机会去做专业体验，如市场调查的同学在老师的带领下对本校进行一些调研。在互联网上和业内人士讨论、交流也是一种体验学习。

择业体验确定期

确定专业微分领域。当你选择一个专业细分领域学习之后，你还是会因个人兴趣而对细分领域的微分领域有好感，这就是专业基础——专业通用——专业细分——专业微分的择业过程。如你是学社会的，在学了社会学基础—社会学概论之后，你又对专业通用的十几个领域如社会心理学、经济社会学等都有了学习，最终你确定社会心理学这个细分领域学习，而在学习社会心理学后你又确定了社会化这个微分领域，这个微分领域就是你深入研究的方向。可以说，目前的本科生的学习只停留在专业基础——专业通用的层次，硕士研究生在专业细分领域研究，而博士研究生是微分学习层次。但是如果现在的大二学生如果依照本文的指引去探索，就很有可能找到自己的微分领域，而不是在课堂上记笔记，这一点现在的大二学生是可以做到的。如果经过大一的确定专业，大二学习基础与通用知识、确定细分与微分领域的话，那么无疑，你在大二结束时就达到了和博士生一样的确定了研究方向的水平。

调研日后毕业出路。如果你一直还坚定自己的选择，在专业细分领域的学习和体验中也验证你的选择，并且确定了日后要学习研究的微分领域，那么你现在就要对自己几个月一直在学的专业细分领域的未来就业出路进行一个调研了。如学社会学的你要从社会化未来能做什么工作、社会心理学未来能做什么工作、社会学未来能做什么工作等三个层面去调研。能做什么工作、能入哪些行，这些工作在社会上的期望怎样，收入怎样，目前同业的有哪些牛人，他们的核心是什么等，做了这些你就不是一直在埋头赶路，因为你也在抬头看路。为什么很多大学生包括研究生毕业了不知道做什么工作，不知道自己能做什么，因为他们在要工作前就没有关注过工作。

深入学习专业微分领域。当你确定了专业的微分领域就等于上了博士，你的研究、专业才由此真正开始。细分领域是一个学科，而微分领域是一个理论、方法，所以研究微分领域是比较容易出成果的。此时建议大二学生将学习研究视为博士论文的草本来对待。微分领域学习是很容易形成圈子的，细分领域是很容易出现派别的。所以在一个圈子里是可以成长的，经常阅览细分与微分领域的国内外刊物、网站，研读微分领域国内外专家文章，即使你不能集微分领域之大成也能成为半个专家的，你若能提出新观点、新看法或者老问题新视角、新问题老方法等的话，那你就算入圈了。并由此形成了和专家对话的基础。

进行业内人士访谈。进入微分以及所在细分领域研究的人是一定要在圈子中成长的，所以如果你在大学里与 100 个专业人士的对话，那么学业的研究也好，还是日后的工作实习、就业等问题都很容易解决，因为你因探讨交流认识了圈子里的 100 个人，而且这个人脉的数量和作用会随着你的成长而不断扩大和突显出作用。

专业、学业上的阶段到此就结束了，确定专业细分、专业微分领域是这个阶段有所收获的依据。要注意的是，具体的阶段体现和实现时间是因人而异的，毕竟个人的知识结构、教育背景不一样。

确定行业方向期

社会行业调查。都说社会上有三百六十行，但随着科技发展和社会分工细化，社会上的行业、职业已经越来越多了，对于未来一定要工作的大学生来说，选择在大二时对社会上都有多少行业进行调研是很有必要的，互联网、图书馆的资料足够你去做一个中国行业调研报告了。调研的目标是知道社会上有什么行业，这些行业的目前发展怎样等。了解行业客观材料，一定要全，否则你的选择就会因漏项而导致不准确。

初步了解一些行业。在我们知道社会上有多行之后，我们不可能深入了解每个行业，那你可以根据调研报告和个人感觉、兴趣，他人的建议等初步选定一些行业，然后对所选的这些行业逐个进行较详细的调研，在互联网和图书馆上进一步了解行业资料，必要时可以请教业内人士，从而在越来越多的了解中淘汰自己不喜欢的行业。这一步是大筛选，随意性较大，但一定要在初步了解的基础上。

结合个人深入研究行业。当走到这一步时，你很可能仅仅剩下不到十个行业了，此时的再排除就要有理有据了，就应该在掌握翔实情况下作出主管选择，如果上一步是用判断、推断来筛选行业的话，那么这一步就要在调研、比较中选择，客观的资料要大大多于主观的臆断。最好的方式就是对每个行业做一个调研报告，从行业何时产生到目前的发展态势，从行业领域到行业问题都要涉及，这个调研最少要有十万字，还要在访谈业内人士不少于30人的基础上才可以作出适合与否的判断。

确定行业发展方向。在行业调研报告的基础上，个人的选择也越来越明确了，此时基本就可以确定个人日后的行业发展方向了。此后，大二学生还要对确定的行业进行更深刻的调研，跟专业的微分领域一样要确定行业的细分、微分发展领域，当然这是个过程，一个量化的参考是100万字的行业深度调研报告，500业内人的各种方式的交流。

确定职能方向期

调查企业职能。职能是使企业良性运行的保证，职能在企业中以部门来表现，企业的组织结构、部门划分也是以职能为依据的。所以了解一类职能，就是在为进一个部门、准备一类工作而准备。一般来说，企业有生产、技术、市场、营销、人力、财务、行政等部门，每个部门都是促使公司运作、解决一类问题的一个保证。但处于不同行业、从事不同业务、不同地域、不同领导类型的公司，其职能部门设置是有一定不同的。所以，大二学生要借助互联网和图书馆对已经确定发展行业的普遍企业进行职能调研，由此形成职能调研报告。

了解职能。企业运行的众多职能是要了解的，否则你就不能深刻理解企业运营标准和商业运行规则。首先是逐个地进行具体职能的调研，形成一个个的职能的调研报告，然后再结合个人兴趣和专业发展领域来确定自己日后所要担任的职能。明确这个职能在企业中的作用，职能的内涵，职能所做的工作内容，职能对从业人士的一般要求，职能在社会发展中的作用等。

结合个人深入研究职能。了解众多职能之后就要选择一类职能。一般来说，个人的专业细分或专业微分领域已经对应了一类职能。这里要考虑的就是个人因素，然后对一类职能进行深入的研究，职能下的职位是深入研究的主要内容，因为职能的实现是以职位来体现的，在具体的企业是以岗位来体现的。这一步要对一个具体职能形成更深入的调研报告。

确定职能发展方向。职能也是分领域、分层次的。分领域是指职能所辖的职位，分层次是指职能部门下所分化的职务。如在人力资源职能部门下有招聘类职位、培训类职位等领域划分，有总监级职务、经理级职务等层次划分。那么确定发展领域就是确定个人职能发展方向，确定发展层次就是个人职业发展目标，前者与个人的专业细分或微分领域相关，后者与个人抱负、目标有关。

确定能力提升期

确定职能下的能力。每个人都不是全能，所以每个人都有不足，但是不是要弥补每个不足呢？显然不是，因为你的时间和精力是有限的，所以明确自己要补什么能力就是一个问题了。对于大二学生来说不能什么活动都参与，不能以锻炼能力为理由去参加一切活动。以职能要求下的能力为准是一个标准，因为你的专业细分或微分领域确定了你的专业能力并对应了你的职能类别，在明确职能所要求的能力就是个人所要补充的方向。如你确定的职能发展方向是人力资源，那其所决定的识人、育人、管人等能力就是你要补充的方向，这个具体体现在你对一个职能所研究的调研报告中。

盘点自我能力优势。扬长避短是个人发展的一个策略，让自己的长处更长并且管理好自己短处。现在的大学生把时间和精力更多地用于了补短上，殊不知有些短处是先天的或者很难改变的，同时因为自己没有时间扬长导致长处、优势也没了或不那么锋锐了，成了长的不长短的还短的全面平庸的人，没有一技之长的学生日后就业是很难的。所以，这里的盘点自我是明确自己的天赋、优势，然后在大学里将之铸造得更强，从而形成自己的核心能力。

针对性实践弥补能力。在知道了职能所要求的能力和自己的优势之后就可以在大二时期全力地弥补和加强了。当要参与一个校园活动或社会实践时，多从职能和优势去考虑，对其有支持的就大力去做，否则就少做。既锻炼目标能力又赚钱的实践要多做，赚钱多但不怎么锻炼目标能力的实践要少做，不赚钱但很锻炼目标能力的实践也要做，最后不赚钱也不锻炼目标能力的实践就不要做了。

▶大二可能遇到的问题

以下总结大二时期可能发生的问题，并提出了相应的解决建议。

要考的证书太多，为了考证而考

首先，与日后毕业相关的证书一定要考，如英语四级；其次，日后就业方向所要求的从业资格证书的一定要考；再次，与个人发展目标相关的证书也要考。大二时很容易听从老师的引导或者随同学的大流去考那些与上三点不相关的证书，或者去跟风考那些所谓热门的证书，无目标考证是不可取的。证书的本意是用成绩来衡量你的能力，但是很多学生在备考中将考过作为第一目标，投机取巧地复习，反倒不考虑证书所要求达到的能力了，最后导致成为有了证书但没有能力的证书专业户。

院系社团活动太多，无暇专心学习

有些学生参加了很多社团，还参加了学校或学院学生会，必然导致个人活动很多，尤其是在学期开始的两个月内，如此众多的活动势必占用你大量的学习时间，而且会影响你学习的心情。解决的办法就是参照职能和优势去选择活动，该不参加的就不去，该退的组织就退，有所不为才能有所为，其中利益取舍还是根据个人情况去决定吧。

个人生活安排太多，忽略专业学习

学习，尤其是找到专业细分领域是大二学生的第一要务，但是一些学生的时间都被安排了，而且绝大多数与专业学习无关。要知道专业学习是需要积累的，是要保证多少图书馆阅读时间、多少自习时间的，否则什么都是实现不了的。面对大学里的充裕时间和自由，很多人抵制不住诱惑，使学习时间一减再减近乎为零，所以拿出学习的硬计划，如每天必须保证四个小时的图书馆学习时间等，是协调生活与学习的一个方法。

专业积累少，无法选择兴趣领域

无论你是否喜欢一个专业，无论你在专业上作出什么样的选择，你都是要有一个专业积累的，否则你的选择与决策就是不科学的。量化的专业学习标准为看 100 本专业图书，三个月的有效学习等。但是很多学生处理不好娱乐与学习的关系，或者专业学习时不扎实、偷工减料，导致达不到必要的量的积累，所以无法得出是否喜欢本专业的结论，无法结合个人因素去选择兴趣领域，因为你知道得太少了。

过度且不得法学习英语，难以积累专业知识

英语占据了很多大学生学习时间的四分之三，但不持续的积累学习方式、不注重发音和口语的学习是很难见成效的，但为了过四级还是要义无反顾地去学。在这里给大二学生的一个建议，要多背点电脑、商务、日常、专业等应用性强的单词和句子，因为毕业后你会发现你所记得的都是和这些方面相关的、有用的、常用的东西。

耐不住寂寞寻爱，爱情占生活主体

爱情是老话题，大家都很清楚，但是要提醒的是，如果日后你不靠爱情吃饭或者不是研究爱情的学者，千万不要让爱情占据你生活的全部或主体，毕竟让人尤其是男人站立起来的这个不是唯一，而且日后你在哪里吃饭能吃上什么饭的现实问题离你也是不远的。

从众、无方向充实自己，分散个人精力

什么都学等于什么都没学，样样通不如一样行，毕业找工作难的都是那些一无是处的人，如果你有一样行哪怕是吹牛行也不会失业。在一个方向或一个目标上扎实地努力、积累，营造一个毕业后我就这个比所有人或很多人都强的本事，那你的核心能力就出现了。当一个钻头，聚焦吧！

实践缺乏系统性，能力得不到提升

如果不是为了强化、熟悉，那么重复的实践不要多干，低水平重复的活动、实践做多了就成了垃圾活动专业户了。你要在一个目标下去锻炼能力，并且有意识地提高实践的层次和难度，具体还是要考虑职能和优势。总之不能沦为什么活动都参与、而且参与的活动也没什么区别的状态，因为能力是在积累的层次上形成的，而最重要的是你的时间和精力很有限。

没有意识去了解工作，职业常识虚无

工作、就业离大二学生并不遥远，因为大学是一体的，就业并不是仅仅一个大四阶段来应付的。如果你将四年要做的事情都推到大四不得不为的那一年，那么你的职业常识不多，不能形成与就业方向相一致的知识、能力、经验等，等待你的，似乎只有就业难。了解行业、了解职能是为大四就业分忧的两个举动。你一定要早点了解工作世界，因为你早晚都要去工作。

没有规划，难以协调学业、职业、生活

大二时期，面临众多阶段和任务，没有一个适合自身的行动计划是很难顺利发展的。娱乐和学习、学业和就业、生活和实践等众多因素的协调都是需要有一套计划才能处理好。盘点一下自己目前要做的事情，统计一下可利用的有效时间，思考学校学院的教学计划，预想可能的时间冲突，根据轻重缓急来安排行动顺序，考虑补充修正手段，最后制定一份详细的大二学业规划，将之放在床头、钱包里，不时看看，然后严格执行。总之，你要掌控大学，因为是你在上大学，而不是大学上你。

给大三学生的一封信

大三是大学中的一个重大转折期,因为很多事情都要在大三这一年作出决定,以便准备和努力。所以,如何利用好这一年就成为现在的大三学子的一道必答题了。

▶大三在大学四年中的作用

细分或微分专业领域学习。大三是专业学习的关键时期，这时学校开设了大量的、关键的专业课程，同时大三这一年也因为熟悉了大学生活，什么都显得驾轻就熟。如果此时抵制不住外在的诱惑，就会荒废大量的时间。经过大一、大二这两年的专业探索和学习，一般来说很多学生都能确定自己喜欢的专业，到了大三这一年就应该进一步学习专业的细分或微分领域。当然如果现在大三的一些学生还处于选择专业的犹豫期，那就应该加快专业的选择和基础学习了。毕竟在毕业时你要学有所成，否则因为专业不精而造成的就业难就得不偿失了。

大三时期最重要的一个任务就是为一年后毕业考虑和准备,不管你现在有没有确定毕业后要走哪条路,还是明确地不打算毕业后直接就业,在这一年你都要以就业的心态来规划和安排生活,因为毕竟你还是要工作的,而你现在所做的任何打算还都不是定数。

了解职业及岗位并初步确定。了解社会上的众多职业、了解自己专业所对应的职业、了解职业所对应的岗位是大三学生为就业准备的第一关。信息不充分是大学生无法做选择的一个关键原因,所以在大三时期要先知道社会上都有什么职业,这些职业都是做什么的,这个步骤的要求是要全面、准确了解职业信息。

体验目标职业或目标选择。当了解众多职业后,你会根据自身确定一些自己喜欢的职业，在进一步对职业进行理论上的调研后，接下来就是要在实际的体验中来了解职业和检验自己的职业选择。如果你此时有自己的一个明确目标，那你也要对目标进行调研和体验，也就是你所要确定职业或目标经过理论和实践两个步骤的验证。

了解并确定毕业出路。在以就业为导向的过程中，你还要再重新考虑一下自己毕业后要走什么路，此时你要了解一下自己或者和自己情况相似的人毕业后都会面临什么毕业出路，这些出路的要求和利弊是什么，然后结合自身情况确定几个出路，接着要详细比较、研究每条出路，最后确定一条自己毕业后的最佳出路。

出路调整及确定弥补差距策略。在确定出路后还需要一个出路体验、调整的过程，有的人分析得比较全面、准确，就不需要这个调整。但有出路调整的心态去验证自己的出路是比较科学的，这样不会因为自己的一时疏忽或大意，而在错误的道路上越走越远。待出路最后确定后，要结合自身去衡量自己与出路之间都有什么差距，然后制定弥补差距策略。

▶大三的阶段划分

大三时期都面临什么任务呢？大三学生一方面要加强专业的学习、进修，另一方面要为就业准备和积累，同时还要抵制和协调很多方面。可以说校园里和社会上的所有矛盾都集中地体现在大三这一时期，所以利用好大三时期是十分关键的，利用好这个转型期是能够加速个人发展的。

学业规划巩固期

进一步学习细分或微分专业领域。有些学生到了大三还不确定要努力学习自己的本专业或也没有去学习自己所喜欢的专业，专业的不专是造成日后就业难的根本。所以，现在的大三学生一定要把专业学好，如果你已经确定了专业的细分或微分领域，那么你要做的就是再接再厉地把专业学好。如果你的专业基础和专业通用知识还不精通，那你就要加强基础学习了，此时的你无异于与大一学生处于同一起跑线，但是终点离你却很远，而努力的时间却所剩无几了。

和业内专家学者交流。因为你已经学了两年的专业课程，如果你有一些研究和努力的话，应该可以形成自己的看法。所以，此时你要和业内人士交流，在参与专业领域内的活动中加深对专业的看法，并且能认识一些业内人士，为日后的实习、工作做好人脉的积累。很多学生都害怕与业内学者交流，这是因为他没有自己的观点和思想。所以说，这一条对于那些学术不精的学生来说是一个巨大的挑战。

向专业一流刊物投稿或应用。一些应用性比较强的专业是可以进一步运用的，如学法律的学生可以免费咨询，可以向刊物投稿，这些方式都是加强本专业理解、学习、研究的方式，同时在使用中积累了经验锻炼了能力，更重要的是，如果你的这些尝试做得好就可以直接为日后的就业加分，这就是所谓的工作经验了。这也是深刻理解本专业对社会、对生活有什么作用的一种有益探索。

确定及准备论文写作。毕业论文不仅仅是大四时才要做的事，因为大四的主要任务是择业和求职，论文是第三位的。所以，就要在大三这个时期去着手准备了，而且，一个论文如果真想有点成果或创新，从大三开始也是必要的。经过大三的准备和研究是可以有效地加快论文的进程的。在专业学习和体验中，准备一颗找论文选题的心，是能够比较早地确定论文方向的，然后大量地搜集资料，整理和分析资料等，再和专业课老师交流，这样就可以在大四上学期把论文搞定了，而且是高质量地完成，提前做完论文这个不得不做的事情之后，大四的绝大多时间就可以考虑工作了。

目标职业确定期

了解专业下的职业。专业是对应着一定的职业的，因为专业设置本身就是为了培养能够做那些职业的人才，所以你要先了解自己本专业或喜欢的专业日后所对应的职业都有哪些，都能做哪些相关的工作，然后逐个对职业进行调研就可以了。一个了解专业对应职业的方法是，去招聘会或上招聘网站，大量的看招聘信息，主要看那些岗位所要求的专业，如果就是自己所学的专业，那么那个岗位就是你对应的一个职业。

确定目标职业。在看了大量的职业信息后，你就可以初步确定一些日后想做的职业了。要注意的是，这些职业的确定一定要和自己的优势相关，可以是专业所对应的职业，可以是自己喜欢的职业，可以是自己做过的职业。总之，你不能凭空选择一个职业，因为每个职业都是需要一定能力的，你要将自己已有的投资、能力利用上，而要尽量避免从头开始。在初步确定职业后，对其进行职业探索就是必要的了，然后在探索职业中作出切实的选择，最后确定一个自己毕业后要从事的职业。

了解职业下的岗位。一般来说，职业都对应着一些岗位。当你确定一个或几个职业之后，想要从中确定自己是否喜欢这个职业时，你往往是要通过这个职业的典型岗位或一般岗位来得出结论的。也就是说，典型岗位在一定程度上代表了这个职业。但是，同样一个职业，在不同的行业、企业就会有不同的岗位产生和名称。一般来说，职业会依据职能不同而分出相应的岗位系列来。大三学生要做的就是，将一个职业中最典型、一般的岗位拿来研究和学习就可以了。

确定并关注目标岗位。当你研究职业所对应的一些岗位之后，就可以确定一个或几个岗位了。此时你要做的就是对每个岗位进行探索，在充分地了解之后就可以找到求职的目标岗位了，最后多上网关注此岗位的招聘信息，以便结合自身去补充相应的能力，为毕业后求职做好铺垫。

体验职业选择期

体验目标职业。体验职业，可以表现为去公司做实习，也可以通过做职业相关核心工作来体验，还可以和从事这个工作的员工联系。总之，你要在实际的体验中了解职业、岗位，从而最终确定要做哪个职业，日后要从哪个岗位着手求职。职业和岗位的典型、核心工作内容是体验的重点，因为你是否喜欢这个职业或岗位，就体现在你是否愿意做哪些核心工作内容。如果你的体验验证了你的选择，那么要注意自己与职业之间的差距。

体验个人目标。当然，并不是所有的大三学生都有毕业后直接就业的打算，也不一定会依照我们所提倡的就业导向去规划大三生活，他们可能有自己的选择，如他希望日后考研等。那么要提醒的是，无论你确定毕业后要做什么，现在都要去体验一下，然后再作选择的决定。和你目标一致的人、过来人多交流探讨，可以进一步验证你的理解和选择，如果你不希望自己草率地决定自己的前程，你就要理论和实际双管齐下。

出路调研确定期

了解个人出路。无论你做了什么，为就业做了多少准备，你都要对自己毕业后的可能出路进行一个盘点，详细地知道自己都有什么路可以走，是这个阶段的主要目的。看看你们学校的毕业生都在做什么，和你的专业课老师交流一下，去询问一下就业指导中心的老师，如此就可以得出自己未来能走什么路的结论。

调研目标出路。在了解自己可能的出路之后，你还不能随意地确定走哪条路，因为你的主观主义和片面了解，不足以得出确定的结论。你要对每个出路进行详细的调研，如你有三条出路：找工作、考研、考公务员等，那你调研中要注意他们的利弊都是什么，它们对你短期目标、长期目标的支持有什么，如果不选择这条出路的后果是什么，有什么手段可以弥补由此造成的不利。总之，在了解出路客观上都是什么、日后会怎样发展等问题之后，要多和自己的兴趣、目标结合，从而得出最有力的出路选择。

确定出路选择。确定一个出路之后，你还要对其进行更详细的调研，因为你毕业后是要走这条路的，所以，现在多了解一些就能为日后减少一些麻烦。用事业的心态去对待这个出路调研，你就可以做理论的工作者，多分析一下这条路上的过来人、成功者，看看他们是怎样成功的，如果想走好这条路都要准备什么等，对自己前程的把握很大程度上取决于这个步骤了。

出路差距补充期

体验目标出路。你所确定的出路同样是要进行体验的，体验是验证选择的最好方式。不管你选择的出路是什么，你还是要再去实习、实践、访谈的，这个步骤是第二次的验证。一般来说，经过这些过程之后，你所做的选择应该是比较适合你的了。

明确出路差距。理论上的调研和实际上的体验都可以找到你和目标之间的差距，这些差距就是阻碍你实现目标的主要因素，那么首先你要弄清到底是什么在阻碍你，然后与自己对照，这个因素是可以通过努力改变和达到的吗，如此将出路的各个因素做一判断，如果是肯定多于否定，那你就可以用努力接近目标了。

制定差距补充策略。知道自己和出路差什么之后，就是制定一个补充策略，你要考虑自己的时间和条件，并且要协调很多因素，所以可执行是制定策略的第一要求。但是策略也不要太高于自己，这样会给你带来挫败感，反而影响你的执行。然后就是不折不扣地执行了，若你的准备充分、全力以赴的话，那么如果目标没有实现，你也就问心无愧了，但是你会收获努力过程中的能力和平静。

▶大三可能遇到的问题

专业知识不精通

专业学习在大三时才去加强的确不是一个好的状态，但还是有时间来弥补的。如果你想从事本专业的相关工作，那你一定要加强本专业的基础知识和社会应用方面的知识。你要确定一个专业领域来学习和研究，这个可以从毕业论文角度来准备；还要加强专业基本能力的提升；最后，加强专业学习还有一个很好的方法，就是对自己所学的专业做一个深度的调研，这样你可以从全局角度去了解，同时也会增加很多工作经验。

专业应用不足

学是为了用，但很多学生还都停留在书本上，知识本身是不能转化为生产力的，你要将之转化为能力，并且用来工作才可以换来报酬。尤其那些应用性很强的专业更要去应用，如外语、法律、财务等，你要在实践中找到专业对生活和社会的作用，同时也可以发现自己哪些操作性能力不行，从而找到学习的方向。

不了解毕业后的选择

大学毕业时一般来说有五种出路：找工作、考研、留学、创业、考公务员。这看似是五条不同的道路、五个不同的选择，但如果你从人生、职业角度去思考，其实就是三种状态：要么现在就工作、要么储备一下再工作、要么给自己工作（创业）。考研、留学是充电、储备的一种手段，也就是说考研、留学是为就业或创业而服务的，而其本身并不是目标。考公务员是找工作的一种，只不过是为政府服务的工作。毕业就能创业的是小概率，所以很多大学生就剩下了两种选择。

不会了解一个毕业出路

了解一个出路是很多大三学生的困惑，因为选择的失误很多都是因为对信息了解得不全面、不正确。可以用以终为始的思维方式来了解一个出路，具体是：谁选择过，谁正在做着，谁正在选择，谁做得最好，他是怎么成功的，谁和自己的情况一样，他是怎么选择呢。把这条出路的过来人、当事人、最优秀的和自己最相似的等各种情况都做一个调研，就能全面地了解信息了。

茫然不作选择

茫然、盲目是很多大三学生的状态。即使你什么都不选择，其实本身也是一种选择，而且当毕业到来时你是不得不走一条路的。没有目标是其茫然的原因。有这个问题的同学可以思索一下自己的人生和未来，以实现理想来规划现在。还可以总结一下同类学校同院系同学毕业后的一般出路和状态，因为在一个大环境下大家的路径是相似的，根据毕业状态去作选择。还要从自己的经历、能力、兴趣等出发来确定目标，这是从现在的优势展望未来的一种方式。

不知道如何自己找实习机会

找实习和找工作其实是一样的，如果你把找实习当做找工作的话，那么当毕业时找工作就不成问题了。对于没有关系的学生来说，自荐是一个好方法，你可以去光顾招聘会或者去扫楼（去一个办公楼逐个自荐），这是两个最笨但也是最快最有效的方法。选择什么方面的实习呢？实习方向可以结合自己的目标、兴趣、经历、专业、能力、证书等去找实习，这些都是结合自己并发挥自己优势的内在取向。也就是说，你的实习是有目标的，是对未来或就业有支持的。

跨专业就业

跨专业就业的前提是有业可专。有位同学不去从事专业相关的工作，但是也没有去修另外一个专业，这样困境就出现了。首先，已经学的专业不能浪费，要以此为背景优势，所以你还要加强专业基础的学习；其次，你要学习一个专业，这个就是你毕业后要从事的就业方向，所以专业基础和专业的应用方面一定要精通；再次，要修炼一项能力，要结合企业要求的能力，如销售能力；最后，你要有和未来就业方向相关的实习、实践，这就是工作经验。

无目的考研

考研就是实现目标的一种手段，而不是目标，所以找到考研的理由是决定考研的前提。教育就是对自身的一种投资，投资就不能盲目，在以往的教育中有太多无目的的选择，所以这次你要慎重了。考研的另一个作用就是转型，通过转换专业来实现，所以专业的选择是第一位的，你不能因为熟悉但不喜欢自己的专业就去考。城市是第二的，城市提供的机会要比学校多得多，所以选择城市也是要慎重的。最后才是学校的选择，这是指在同类同档次上的比较，当然名校的资源和文化都是一个优势，但是大学的学习和提升更多还是要靠自己的。

多方面准备

这是比较常见的出路安排，期望以多方准备来应对毕业后的发展。

一个目标即使全力以赴都不一定能实现，那么当精力被分散，其实现的几率就更低，那么多保险就变成了无保险，最后的结果很可能是哪样都没有抓住。而且，多保险是在一个目标下的不同策略，可这位同学的打算其实是多目标，他们并不是为了实现同一个目标。想好了，专注做一件事比较容易出成绩，大三学生还是专注点好。

给大四学生的一封信

大四，是一个分化的时期，因为大四是你前三年的总结，是前因后果的体现，在分化中会产生几种人：一是有目标的人，二是有能力的人，三是迷茫的人，四是颓废的人。

大四，又是一个收获的时期，收获前三年的播种，这其中也会分化为几种状态：想工作的人能力什么的都具备了；想求学的人已经保研或考研了；想留学的人已经铺好路了；剩下的就是那些只能现在播种和努力的人了，他们一切都要从头再来，无论学业还是能力。

大四，还是一个转折期，它将各种道路都呈现给你，但不是每条路你都可以走，因为上路前的装备已经让你三年前准备了，有的人准备了，有的人偷懒了。所以，有准备的人哪条路都能走，没有准备的人就寸步难行了。大四，对于一些人来说是一个人生的转折，对于另外一些人就是挫折了，同样的时间不一样的状态就是源于你大一时的选择。

大四，如果将大学视为工作的话，那么大四之后你就失业了；但是若将工作视为大学的话，那么大四之后你才刚入学。站好大学这最后一班岗，是对大四学生的最起码要求；同时，准备好工作的入学，争取做职场上的优秀新生。承前启后，大四是一个双关期，如果你的大学是失败的，那么你的工作就要力争上游了。

本文主要是写给谁看的呢？因为大四是各种状态的集合，不可能面面俱到地写到，所以，本文是针对那些迷茫的人的，如果注定因为以前的无知导致从头再来的话，那么，现在要如何从头再来呢？

▶大四在大学四年中的作用

大四时期在大学四年中有三个作用：顺利毕业，查缺补漏，顺利求职。

顺利毕业:你花了那么多学费和时间,到最后了,一定要顺利毕业,拿到毕业证、学位证。虽然没有真才实学的证书和街上办的假证无异,但是你也要拿到。没有真才实学是你大学前三年无为的结果,但是争取拿到证书却是你大四时可以努力的。将大四课程都考过、顺利完成毕业论文、不犯大的错误,这些都是保证顺利毕业的因素。

查缺补漏:如果你现在还有什么遗憾、后悔,那么你就可以在大四这最后的时期内做:向心爱的人表白,多读500本书,做个社会实践等。总之,那些你认为不做不爽的事情都可以在大四时做。如果你现在的能力和状态还不足以实现你的目标或期望的话,那么你就要相应地努力以减少差距。想去大企业工作还差什么,考名校还差什么,这些都是你要做的。

顺利求职:大四毕业之后就是工作,那么在大四时期落实工作就是另外一个任务了。找工作、找到工作、找到好工作、找到适合的好工作,这些都是大四求职时的状态和追求。确定个人出路、确定求职方向、最大化体验职业、关注并联系目标企业、最大化职业化训练、确定工作、规划下一步,这些都是影响求职和发展的因素。

▶大四的阶段划分

大四时期面临的阶段与任务,本文是以一些迷茫人为研究出发点,是以就业求职为导向,当然其中一些观点也是给其他类型学生一些参考。

个人出路定位期

了解个人毕业出路。一般来说,大学毕业之后的出路就是四条:从政(考公务员、基层村官),从商(创业),从学(考研、留学),从工(找工作)。但因为个人的家庭背景、知识背景不同,所以每个人实际面临的道路可能只有一条,当然在确定出路前,要对每条出路都有明确的了解,利弊两方面都清楚,这样的选择才科学。去互联网调研,和过来人交流都可以让你了解一个出路,你要付出的只不过是自己和时间而已,如果你连这个都吝啬的话，那么还有谁可以帮你呢？

了解专业就业方向。如果你打算从工或从学的话，那么先了解一下本专业的就业方向是必要的。因为如果你没有明确的就业目标，那么可以从本专业就业入手；如果你没有明确的考研专业，那么可以结合本专业去思考未来的发展。毕竟，这个专业你学了四年，如果一点都利用不上，也是十分可惜的，因为没有积累的从头再来不适合大四这个收获期。本专业日后都能做什么工作、都可以转行做什么工作，每个工作的要求和发展是怎样的，这个领域的牛人和企业都是谁，他们是怎样成功的，这些都是你要了解的因素。

盘点个人经历。了解自己，明确自己是你做一切选择的依据，什么适合不适合、喜欢不喜欢都是源于你这个人，取决于你对自己的了解范围和准确程度，所以了解自己是做选择、找工作的第一关。了解自己不仅仅是做那些测评，测评更多了解的是你的心理因素，这是可以参考的，但你更多的要了解影响你工作和工作上发展的因素：职业价值观、职业兴趣、职业能力、职业技能、职业理想，这些都是很难测评出来的，只能在实际活动中明确。所以，你要盘点自己的个人经历，你做了什么、做到了什么、做成了什么、做败了什么、怎样做、为什么那么做等，这些都是你盘点时要考虑到的因素。

确定毕业发展方向。在完成上述三个任务之后，你就可以做自己的选择了，到底要向哪个方向发展，自己未来三年内的目标是什么，做什么最适合自己目前的状况，哪个选择是最符合和支持目标的，最优和次优选择是什么，选择的出路是否真正地了解，自己和出路之间的差距有哪些，这一年都可以做什么，面临的困难都有哪些，都有哪些资源和人可以支持你，等等，这些问题都是你在做一个选择之前要问自己的问题，只有明确了这些问题，才说明你不是盲目的。

个人求职规划期

大四要做什么。每个人的大四都是不一样的，每个人都有一杆秤，哪些事情要做，哪些事情不做，每个人心里都要有数。拿出一张纸，写出自己毕业前要做的N件事情,然后根据轻重缓急,排出顺序,将之贴在床头,放在钱包里。如果你还不知道自己都要做什么,那你可以先去问问学校的辅导员、就业办老师,还有过来人,以前的师兄等。

大四这年怎么做。凡事预则立,不预则废。要想高效有序地度过大四这一年,要想独立自主不人云亦云地安排自己的生活,你务必要做一个计划,即使你大学前三年都没有做计划,那么这最后一年,你最好是做计划,无计划下的茫然你还不清楚吗?将每个目标做个分析,看看哪些资源可以实现目标,有哪些困难阻碍你,然后形成一个大四策略,如此这样,你的大四就有序了。当你毕业时,在感慨和回顾、评点自己时,就可以根据现在所树立的目标到底实现了多少、质量如何来衡量自己有多成功。

工作经验积累期

选择并确定实习企业。与其盲目地求职,还不如实实在在地积累。工作经验是每个人都欠缺的,尤其是你没有实习时。所以,大四上学期不建议你跑招聘会求职,还是踏实地实习两个月吧。在了解本专业就业出路之后,你就可以明确自己未来要在哪行、哪个领域发展了,业内一流的、专业的、中小企业是你三个实习的选择。在互联网深度了解这个企业,然后在比较中确定要实习的企业。要注意的是,这时候的实习是增长工作经验的方式,所以即使没有工资也要去。

确定目标职能与岗位。职位是一系列职能相同的岗位的集合,因为刚工作,很多学生都是干活、在基层锻炼。所以,你的着眼点是锻炼一项技能、干好一类活、了解一类职能。如销售就是一个职能,销售员就是一个岗位,销售员、销售经理、销售总监等岗位的集合就是一类职位。不管你去什么样的企业,都要有意识地干一个职能的活,这样才可以锻炼你,才可以形成工作经验。

实习或理论积累经验。当实习目标确定之后,你要全力以赴去准备找实习了,有备而来的你是有机会的。当然,如果你千方百计之后也找不到实习单位的话,那么你也不用固执地非要找实习。你还可以通过理论调研来积累工作经验，如将你要进入的行业做一个百万字的调研报告，然后再将之压缩为十万字、五万字、一万字，这样你就积累了工作经验。虽然这是在理论上的，但是因为你吸收了很多前人的经验，所以，你还是具有一定的经验的，最起码，当别人和你聊这个行业时，你不会无话可说。

检验抉择并职业化学习。无论是实际的实习还是理论的调研，其实都是在促进你的就业，这表现为：第一，可以检验你的选择，检验你确定的发展方向，检验你确定的职能岗位，检验你自己的性格能力，总之，在实际中再次给你修正的机会。第二，如果检验的结果是正确，那么就要思考自己和目标之间有多少差距，有多大差距，然后将之明确，列入大四行动计划之中，用行动将之弥补。

毕业论文研习期

论文的观念。关于论文，给你两个观念：第一，这是你最后的作业，所以请你一定要原创。无论你以前形成了多少抄袭的恶习，但这次，你要给自己一个机会，看看自己到底有多行或有多不行，哪怕论文不被认可。当然，如果你真的认真地写了，答辩时不会让你不过的。第二，你的论文方向尽量要和你的就业发展方向相关，也就是论文不能为了论文而研究，如果论文和就业、未来相关的话，那么对你自己的发展也是一个积累和铺垫，否则，论文在答辩通过那一刻就等于废纸了。

确定论文方向。以未来和就业为导向的话，你的论文方向就要和这两点相关，也就是说，你要将本专业和你的未来、你的就业挂钩，千方百计地从专业角度去研究、分析对未来或就业的作用在哪里、有什么，然后将之确定几个方向，再结合个人目前的状况，确定一个方向。其实，每个专业都有对生活和社会有用的地方，只要你真正学习过、研究过，那么你就一定可以找到对未来和就业有支持的方向、领域，一举两得，论文就是证明自己、积累工作经验的方式，如果做得好，就可以形成一本书了。

补充式研习。如果你前三年没有好好看过书，那么现在就是你看书的最后时机了，用写论文的心，多看看本专业、领域的书籍，这种学习的成长是飞快的。因为你的目的明确，而且专注。如果你认为自己还有什么知识遗憾、还要加强什么方面，那么完全可以借这个机会去完成。给你一个量化的标准，最少看业内的200本书，否则，你就真正失去了最后的学习机会了，很可能大四这个时期是你看书最多最集中的时期了。有些人，甚至走出大学以后的时间都没有大四这段时间看的书多。

论文访谈中积累人脉。没有关系是大学生通用的困难，那在写论文的过程中就是一个认识人、积累人脉的机会。当你对本领域有一个较深的学习和研究之后，你就会知道一些业内的牛人，在整理好自己的思路和做好充分准备之后，你就可以通过各种联系方式和牛人交流了。当然，业内的一流人物不一定理我们，但是二流、三流、四流人物呢。所以，你就可以借论文这个机会来和别人对话了，如果你能和影响你找工作的人士结识、交流、探讨的话，无疑为你的下一步做好了铺垫。论文，真的不能单纯地为了论文而论文，将自己的理想、未来、工作等结合进去，你的所得就会更多。当然，如果你想往学术领域发展的话，就不太适用这个思路，因为这个是应用性研究，有太多非学问因素、功利因素。

差距学习补充期

大学总结反思。很多人都不是且行且思的主，他们是走过才知道路险。如果你是这样的人，那么你可能没有很好地利用大学，从而有很多遗憾。那么在大学的这个最后时期，你就可以行动了，你认为什么没有做、什么没做到位，什么没有尝试过、什么没有挑战过，你都可以大胆地去做了。此时，你还要反思，为什么你会处于现在的状态，什么因素阻碍了你，这些都是教训，将之写下来，传递给下届的师弟师妹。同时，也给自己备一份，以警告自己不要再犯类似错误。

职业总结反思。职业反思是大学反思的一环，但是请你单独且慎重地反思一下，为什么你找工作难，为什么你不了解企业，为什么你不了解自己，为什么你找实习难。工作、职业、职场角度去思考自己的失误，如果大学里你因为没有规划和准备而失败了，那么下一步，你就应该有备而行了。如果面对下一步的求职、试用期、第一份工作、工作第一年、职场关系、职业转换等一系列问题，你会遇到什么职业问题，你打算怎样面对和解决，这些都是你要思考的问题。

确定差距与追求。在两个反思之后，你就会发现一些憾事，还会有一些期望，这些都会导致你的差距，将差距量化，为下一步补充准备，同时你也要最后地确定自己到底要走什么路的追求。因为大四下学期是你最后的修正机会，你还有一点时间去改变现状。要注意的是，无论差距还是追求，你都要将之量化，并且结合个人情况，依据轻重缓急来划分次序，并制定相应的补充策略。

最大化补充。这一步，就是行动了，无论理论上多么明确，如果你不去行动，不去减少差距，那么你还是原来的你，因为差距是阻碍你前行的最大因素，如果你还原地踏步或所行不多的话，那么你的状态是不会有任何变化的，尤其是当你的积累不够时。质变是以一定量变为基础的，不要说你早明白了这个道理，当你没有准备好就业核心因素时，你的就业就是难的。

职业化的最大打造。工作了，就是职员了，要想从校园人过渡到职业人，是要经过职业化的。什么是职业呢？就是职场上那一套对工作的人的要求、规范的集合。工作了，你的老板、上司、同事、客户希望你具备什么能力，什么素质，这些就是要补充的职业化因素。什么办公用品的使用、如何汇报工作、如何提交计划、如何沟通等都是一些具体的因素，这些都可以在对企业、岗位的调研中明确。

目标工作跟踪联系期。当你有能力了，就不怕找不到工作了。就是一无所长才容易着急，现在经过近一年的折腾，你终于有能力、有准备了。此时，将你树立的求职目标再进行跟踪、分析、研究，然后盘点自己，针对性地制订求职策略，制订简历、面试，进一步和企业人士沟通，最后就可以展开求职了。

工作确定总结期

确定工作。求职,是这个时期的主要工作,你的能力需要平台了,将以前的准备付诸实践吧。如果经过这个阶段的修炼,你是一定可以找到工作的。与其在一上大四,就毫无准备地求职,还不如沉下心来储备自己,当你自己行了,工作就无处不在了。如果你仅仅凭借大学前三年并不充裕的底子去搏的话,那你也很难如愿。要知道,工作是你毕业之后一辈子的主旋律,不是说毕业前落实工作就万事大吉了。要知道,大四的本意可是学习而不是找工作,就是因为你能力不够才得以提前准备求职的,可是,能力不足的情况下,你能走多远呢?

总结大学。如果你从头再来了,如果你好好利用大四了,那么你一定会有一些经验,或许大四这一年的执著,比你前三年的盲目收获都大,将之好好总结一下,一来传递给师弟师妹,二来为自己的日后做一个经验和自信的样板。

规划工作第一年。如果你如愿找到工作了,那么就要考虑一下如何度过工作第一年了,刚工作的你都会遇到什么困难,哪些不适应,做到心中有数,尽量在准备中度过这一年。或许你会说,怎么什么都要规划呢?是的,人生就是这样,如果你毫无准备地去过,那么失败几乎是注定的。当然,即使你全力以赴地做也不一定成功;如此,你能不规划吗?因为人生只能回头看不能走回头,所以,你的每一步都是不可再生的,那么你就慎重地规划和准备每一步了。

▶大四可能遇到的问题

从众,急于落实工作

找工作不是大四的全部或大部分,但是很多人都把工作视为第一要务,大四时什么都可以不要,但是只要给我一份工作就可以了。在这样的心态下,大四注定不是学习的一年。再加上同学们疯狂的氛围,导致自己就更茫然了,也就跟着一起找工作了。作为一个过来人,给大家的忠告的是,如果毕业后半年还能挨过去的话,那么建议大四这一年全力学习、补充自己，短期来看这是下策，但从长期来看，如果你能有方向地学习的话，那是很值的，因为这种学习的心态和时间，在人生中是最后的了，是永远不能再有的了。

亵渎论文

毕业设计，是你大学的最后一场考试，不要看别人怎样应付，你自己要重视起来，这是你对大学的最后一次交代。如果你还没有真正地检验过自己，那你这次就真真实实地做一次吧。要知道完成一项毕业设计有多么的不容易，没有三个月的深入研究，你是不会有所收获的。这应该是你从现在就应该开始着手做的事。千万不要小看毕业设计，它不但体现你的真实水平还是你求职的一个重要砝码。如果大学中没有什么值得你炫耀的那这将是你很大的失败。千万不要亵渎论文，否则就是对你整个大学的亵渎。

没有工作经验

没有工作经验，就做一个行业的调研报告，做个 10 万字的资料整理，可以让你快速增长工作经验，再没有别的比这个更快了。

不自荐

没有关系就创造关系，什么老乡、志同道合者等借口够你找的了。怎样找人？114 查询，看招聘网站上的联系方式，百度搜索，没有连打五个电话找不到的人，只有不接你电话的人。让自己有准备一些，不要问那些不经过百度和大脑的问题，真诚、诚意的态度，无往而不胜。

无准备地光顾招聘会

如果你连这次招聘会有什么企业都不知道，或者这旦都没有你想去的企业，如果你的简历不是为一个岗位而定制的，那么请你不要去参加招聘会。

谋求多保险，什么都尝试

如果你不是强人，就不要什么都尝试，什么都想的结果就是最后什么都得不到，即使得到了也不是最好的。在求职上，请你聚焦，只在一个行业、一项职能、一类岗位上求职，不要什么工作都投．你不是万能，即使你能做，也要看看，是不是你适合与喜欢的。总之，你怎样马虎地找工作，工作也会怎样马虎地对待你。

工作要快点落实，要不就没有好工作了

所有的公司都是有问题的，所有的公司都是需要人才的，如果你相信这两点，那么好工作什么时候都有。你去看看招聘网站，很多公司都是从年头招聘到年尾的，什么道理，人才难得啊。不存在如果毕业前找不到工作，那毕业后就找不到工作的谬论。

就业政策不了解

政策都是死的，在找工作前多看看，什么劳动合同、法律都了解一下，别等吃亏了再去看，那时候已经晚了。学校发的就业政策手册、互联网上多看看，了解一下公司都会给你这样的毕业生下哪些套，莫到被骗时才想到法律。

不跟过来人取经

如果你是第一次大学毕业，那你就多问问上过大学的人，还有学校的老师，多跟他们聊聊，可以让你少走很多弯路。同样的，如果你大一时就这样做，你会沦落到今天这个境地吗？所以说，人生的经验很重要。

随便找第一份工作

只要是第一次，就很重要。你的第一印象就在第一份工作中得到。所以，第一份工作多挑挑，别让自己随意就入了一行，因为你的第二份工作很可能是以第一份工作为工作经验的，它会影响你的下一步择业。一个忠告，第一份工作越苦越累越好，这样对你的锻炼就越大。

给贫困大学生的一封信

谁是贫困大学生？谁都不愿意承认自己穷，谁都有自己的面子，比起仇富心态来，大家更多的还是仇穷。学校里有很多假贫困生，我上学时身边同学很多都冒充贫困生，为的就是得到缓交学费、助学贷款、减免学费、补助等利益上的好处。他们中有的家里有关系，可以随便开一个贫困证明，有的家里有钱就想省钱占便宜，有的深得辅导员、院系老师的认可就私下帮助。可以说，享受补助的贫困生中十之二三是假贫困的，他们的“有为”挤占了真正的贫困学生，使真正需要帮助的贫困学生得不到帮助。

富裕的人可能都有一些共同的原因，贫困却是因为不同的情况导致的。家庭不完整的、丧失劳动能力的、家乡处于贫困地区的、父母下岗的、农村经济不好的、孤儿的、因治病贫困的、因天灾或人祸困难的等等，这些情况才真的是贫困。他们不但连学费都交不起，更是连生活费，甚至路费都没有，很多学生都是第一次离开自己生活的地方，第一次坐火车，第一次去大城市。但是，他们仅仅是物质上的贫困，教育（虽然不是同一起点的教育、不是一样公平的教育）给了他们改变自己命运、乃至家族命运的机会，他们的毅力和成绩是比一般人都要强的。

▶贫困大学生的问题

贫困大学生在大学生活中除了遇到跟普通大学生一样的问题，还面临衣食无着的生存问题、自卑自弃的心态问题、克服压力的学业问题、塑造自己的发展问题、工作准备的职业问题，还有毕业之后的还学费的经济问题、帮助家里的经济问题等。他们面临多重压力，自己的、学校的、家里的、生活的、未来的等各种压力交汇在一起，同时作用于一个人，这种困难是很残酷的，但是，如果你挺过来了，不但你自己的命运会发生转变，未来你家庭的命运也会有转机。所以，从这一点来看，贫困大学生在大学里的奋斗还是值得的。

衣食无着的生存问题

现在的国家政策还是做到不让每个大学生因为交不上学费而失学的。也就是说学费问题可以用各种绿色通道来解决，或缓交，或助学贷款，这个具体政策你要问学生处的相关部门，一般在你入学时就会有明确的指引。但生活问题更多地就要靠自己来解决了。兼职是一个比较好的解决办法，但在兼职前你最好还是问问辅导员，让他给你一些具体的建议。最好的是在学校里做相关的工作，院系的推荐、勤工助学中心的帮助是很关键的。

你还可以做家教等知识性的工作。要提醒的是，你可以多多尝试兼职，但一定要做锻炼自己的工作：赚钱多的，能利用知识的，能发展自己的工作一定要做。要当心被骗，你要知道自己有多少本事，遇到那些天上掉馅饼的事多考虑一下，千万不要交钱，这样你基本上就不会被骗了。大学里多做点兼职是完全可以解决自己的生存问题的。

在消费上你可以不怎么买衣服，不奢侈消费，但是你尽量不要亏待自己的胃，否则形成的病够你日后受的，而且即使你拼命地吃一个月也花不了多少，再加上你的节俭、计算，就更花不了多少了。还有，你没有必要非要在别人面前吃得很差，如果你还有面子的话，你完全可以自己去吃饭，背后的辛苦你可以自己默默承受，但是如果你将你的窘况让同学视为贫困的可怜就没有必要了。反正你自己会算，让自己顽强地活着，但不被人看低了。

自卑自弃的心态问题

我在上大学之后，就明白了一个道理，上大学之后什么都要靠自己了，大学里混得怎么样、毕业后混得怎么样，就都要靠自己了。我想，很多贫困大学生都面临和我一样的情况，也希望你的心态和我一样。而且，对于我们的大学和人生来说，真的而且也只能靠自己了。

比物质更贫困的是心灵的贫困，自卑、自暴自弃、封闭自我、逃避现实，不愿意和同学在一起，在孤独中默默舔食自己的伤口，容不得别人的成功，不注重心灵的成长，遇到了情绪问题不去面对，什么都在压抑着，在无法宣泄中沾染上赌博、游戏等难以自控且浪费钱财的活动，总认为谁都看不起自己，同时也看不上别人，上大学成了他的自虐。看破人生，仇视社会，自己却不去行动，只能在怨天尤人中度过时光。如果贫困大学生过不了心理这一关，那在大学将继续贫困下去，很难脱贫。

我同样也经历了这样的过程。但是，我很快就在社会实践中找到了自信，我自己办了个社团，做了很多活动，比很多同学都要充实，同时去图书馆大量地看书，用精神和实践来充实自己、超越别人，自信就这样建立起来了。我的心得是，只要你有一个方面比同学都强，那你就会有足够的自信，让自己和他们站在一个行列里。知识上的自信是比较容易建立起来的，那时我班有个同学，哲学学得很好，每次上课他的发言都会赢得所有人的掌声，即使在吃馒头咸菜时，他的头也是高昂的。

克服学业压力的问题

在各种压力之下，尤其是要赚钱吃饭的生存问题之下，学习成了第二选择，这是没有办法的选择。因为你今天不去家教赚钱，你今晚就要饿肚子，在这种情况下，谁都会选择逃课。是的，逃课是不可原谅的，但唯独这种，是你不可不理解的。当有的人在思考今天吃排骨还是吃鱼虾时，我们这样的贫困生却为到哪里能赚钱而伤神，他们的大学是父母支持下的享受，而我们的大学却要在自己的努力下首先活下来，然后才是学习。

上大学时，我逃课几乎是全院最多的，并且得到了学校政策应有的惩罚：留校察看。这是制度上的规定，我在接受的同时也很难认可，就是我的情况是不得不这样啊。如果我不逃课去赚钱，那么我不是饿死，就要退学，你说我能怎么办？但学校是无情的，它不是个性化的人文关怀，就像同样是偷东西，有的人有这个爱好，但有的人却是为了吃饭，你说能同罪同罚吗？当然了，最后我还是被取消了处分，但估计档案里应该有这一笔。但我无悔。毕竟在实践中我学到了很多。

我逃课时，都是去赚钱了吗？没有，只能说是三分之一，另外三分之一去搞实践活动了，因为那时感觉上课无聊而且很慢，还不如自己学，但结果我自己也没学多少，这真的是一个遗憾。其实我完全可以自学的，但是自制力不够，少看了好多书，这是我大学里的最大遗憾。还有三分之一，是因为睡懒觉了、难受了、有约会了、游玩了等各种理由，反正最后就是不去了。真的，很多学生都会发生顾了赚钱而忘了学习，但是，大学的本意是什么呢？我们赚钱为了什么呢？其实，学业还是第一位的，只要我们能吃上饭，接下来的任务就要学习。如果我们不学习，我们就真的没有希望了。我们的起点比很多人低，如果我们再不努力，那么毕业会怎样呢？我们可没有关系能帮自己找到工作。所以，学业，只要你想学，时间是大大的，忽略学业的人毕业后基本上就失业了。还要提醒一点，对于我们来说，能省的钱一定要省，如尽量不要买书，不是不让你看书，只是如果图书馆里有的书你就不要买，而图书馆和互联网足够学习一切了。

塑造自己的发展问题

因为日后能混成什么人、混成怎样都要靠自己了，所以完善自己又是一个问题了。我在大学里，就是抱着发展自我的借口办社团、搞活动、逃课、兼职的。坦率地说，钱没有赚多少，成绩也不优秀，反而经常挂科。因为我认为学校的成绩不重要，而且多半是假的，透题划重点、老师手下留情等。成绩十分差，什么奖学金都没有拿过，而且那时还以能力为自豪的借口。其实，现在想来，一来要好好把学习搞上去，你可以自学专业课程或喜欢的课程，别人作弊你真实，别人找关系你靠自己，还是很可以锻炼自己的。二来要多得奖学金，这个是很难以辅导员个人的喜好而左右的，因为奖学金都是有具体要求的，你成绩好点，虽然钱不多，但是还是可以够你吃一两个月饭的。

一个人的发展更多地取决于能力，当然你会说还要靠关系和机会，但是对于我们来说，有关系吗？没有关系又哪来那么多机会呢？所以，很多社会上的那一套对于我们就不适用了。我们只有让自己更强一些，比别人、比竞争对手都强，我们才有机会胜出。当然，即使通过你的努力让你得到和别人竞争的机会，但是如果你没有关系，你一样会失败。但是，如果你没有能力，你连入门的机会都没有！对于我们来说，没有别的，就一条路，让自己更强！社会是竞争的，我们没有关系、资源，但我们还活着，没有什么疾病残疾，我们有四年的时间和自由，我们有家里父母的期望和未来的憧憬，我们不是有钱人的后代，但我们有机会成为富人的祖先。而这一切，都要靠我们的能力，靠我们比别人强大很多的能力。

能力，组织能力、策划能力、写作能力、沟通能力、协作能力、执行能力、英语能力、计算机能力都是我们要锻炼的方向。生活常识、科技常识、社会常识、职业常识等都是我们学习的范围，我们就是要用四年的时间里学到比别人更多的知识，锻炼更多的能力，让自己更完善一些。尤其是我们要掌握一些技能、专长，可能我不是什么都懂、都会。但是，我只会一样，可这个我比别人都强，谁都不如我，如果你有这样的本事，那毕业后也就不愁了。

工作准备的职业问题

我们贫困生的命运在哪里转折？别以为上了大学就万事大吉了，大学也只是给了你一个改变命运的机会，更准确地说是给你了一个学习的平台，给了你四年的可塑造可改变的时间和自由。除此之外，大学不能再给你什么，更不可能是你所理解的那样：上了大学，命运从此就改变了，就和自己家乡的那些人不一样了。现在就业形势很严峻，很多大学生都是毕业了就失业，他找不到工作，不是说他什么也干不了，去工地搬砖谁都能干吧？但是，因为他上了大学，他就想干那些赚钱多干活少或轻松的白领工作。但是，因为他的能力不够人家不要他，如果再加上专业不专的话，那他只能去一些人家要他，但他不喜欢的工作去干了。因为他要吃饭，所以只能勉为其难了。

是的，即使上了大学，我们的命运还是那样。只有当我们找到了一份工作，找到了一份可以发挥自己、适合自己的工作，我们的命运才在此发生转折。人，尤其对于我们来说，不是知识改变命运，不是大学改变命运，而知识、大学还要通过职业才能改变我们的命运。也就是说，知识、大学仅仅是一个机会，是找工作的一个基础，而职业、工作才是我们的最终落脚点。那么，毕业后做什么工作、怎样找到工作，就是我们现在要考虑的问题了，因为工作给了我们钱，而钱可以改变我们很多。

准备工作，现在就要开始。首先是把专业（自己喜欢的、自己未来要从事的）学好，学业优秀一点，然后多多参加社团活动、社会实践、工作实习，这样找工作所需要的知识、经验你就都有了。然后可以的话，再接受一些培训，没钱就去图书馆先把考证所要求的书看了，多关注自己要做的那个工作，去图书馆和互联网留意最新的相关信息，多找勤工助学中心、就业指导中心的老师聊聊，还有自己的大四师兄、专业课老师，尤其是要多认识一些已经工作的人，同时要和你兼职的老板、同事搞好关系，说不定谁就可以帮上你的忙。只要你可以三个月学习一个东西那一定会快速入门，如果你能坚持一年的学习，你就是小专家了。专注于一个领域学习、专注于一个行业或企业，你的工作是完全不愁的。

交际恋爱的情感问题

大学里是自由的，但也是寂寞的，尤其是当看到很多人都有对象时，自己很可能就从众，谁说我们就没有恋爱的权利。是的，我大学时也抱着同样的观点，并且付诸实践。大一时就有艳遇，为此在幸福中花了不少钱，要知道那基本上就是我的吃饭钱。可是，为了谈恋爱和要面子，借钱也要花，尤其是在初级阶段的投入就更多了，送花、礼物，吃饭、看电影、游玩等花费都是很多的。虽然最后抱得美人归，但因此也付出了很多代价。钱，我倒是不在乎，“钱是王八蛋，没了咱再赚”，我很后悔的就是两个人总是在一起，占用了大量的学习时间，尤其是心理上的负担，而大三之前正是学习、发展自我的关键时间，而我却没有好好利用。所以，从这一点来说，我不建议你在大二之前就谈朋友，对于我们来说，把四年的时间多多用于充实自己要比谈情说爱更重要一些，别忘了我们身上所肩负的使命和我们所处的环境。

对于我们来说，什么时候谈、怎么谈、如何协调发展和情感的关系，都是需要我们思考的问题。要知道，爱情可不是我们的全部，我们不能依靠爱情来改变自己的近况（当然对于一些女生和想走捷径的男生来说是可以的），我们是要自己来改变现状的。那你自己算算，时间是一定的，你做了这个就必然要减少做那个的时间，轻重缓急，你就要协调好了。

感情是无原则的，是个人的问题，是个非理智的问题，谁也做不到如此明智。这里给大家一些参考：第一，少花钱，不是说花钱越多就表明你的感情越深，两者之间不存在必然的正比关系，而对于我们的现实来说，就更要节约了。第二，谈情的时间不能比学习多，如果学习对你未来的作用大于的感情的话，你就要明白这个道理。第三，有自尊地谈，不能因为咱没钱，就去做那些有辱人格的事情来表达对她的爱。我穷，但我活得像人，我不会屈服于无理的要求和感情。

在交际方面，你要主动和同学交流，辅导员、专业课老师等，多和他们聊聊，不要感到自己穷就什么都不要做。封闭自我是很难成长的，多交点朋友，多接触点人，不要总和自己情况差不多的同学在一起，贫困只是你现在状态而已，而且又不是你造成的，把大学这半个社会多体验一下，打开自己的交际局面，多参加活动和社团是一个好方式。总之，一切都在你自己的选择，没人也没有人可以阻碍你的成长，那些莫须有的偏见很多都是你给自己强加的。

毕业之后的经济问题

不得不谈钱的问题了，生存是一个小的经济问题，学费相对来说就是一个比较大的经济压力了，最起码一万元的学费对我们来说是一个天文数字，上学时我们无法还，但是我们却不能不去思考这个问题。

要知道，毕业三年内的我们根本无力还钱（一般来说）。找工作、换工作、稳定工作、养活自己、接济家里、临时困难等这些占据了我们的绝大部分收入，所以还钱是要一个准备和周期的。我现在欠学校的钱还没有还上呢，我打算在毕业的第四年还上。一来现在收入不多，仅够维持自己的，二来就是有点闲钱还得忙着充实自己，毕竟学费对于毕业的我来说是个过去时，是个已投资，现实的生存和严峻的发展我都要面对，但那钱我是一定要还的。

有几个方法可以较快地还钱，一是在大学里靠自己多赚钱，但要注意学习的问题；二是毕业后能找一个好工作，也可以很快地还钱，但需要你在大学里有准备；三是找个公司赞助你，但是你很可能还受制于人；四是遇到贵人，你的老板、恋人帮你还，这些都是可遇而不可求的了。打算怎样做，就看你自己的情况和选择了。

你看，贫困生的七个问题只有两个是经济问题，其余的都不是，所以，摆在我们面前的问题有很多都不是我们出身造成的，并且是可以通过我们努力解决掉的。

▶贫困大学生应注意

- 贫困不是你的错，可能是你父母的错，但更多的是社会的错。
- 你改变不了现状，但是你可以为未来努力。
- 怨天尤人不如退而结网，默默努力之后才不会默默无名。
- 务必要找到或培养一个比很多人都强的专长。
- 大学就是大学，大学生就要是个大学生。
- 如果你认为谁都靠不住，那千万不要忘了你还有自己。
- 当你自己没有努力和尽力时，不要轻易下判断。
- 大学给了你机会，但你的命运却是由一份好工作发生转机的。
- 现在你站在哪里并不重要，重要的是你毕业后可以站在哪里。
- 今天不开始努力，就真的晚了。

大学生怎样找实习

与大学生就业难相关联的就是大学生实习难，甚至有些时候，找到一个满意的实习机会比找工作还难。一方面国内企业还没有形成让大学生职业见习的氛围，另一方面大学生在实习前的准备严重不足，导致想实习的学生找不到实习机会，招实习生的企业又找不到合适的学生。其实，大学生在确定要实习时，是必须要跨越实习三道坎的，否则即使暑期你去实习，所学与所获也不会很多。

第一道坎：实习前对自己和企业不了解

很多大学生在找实习时，对自己没有一个明确的定位，不能结合自身去寻找实习机会，最后导致找的实习更多的是自己能做的或做过的工作，而这些基本上是低水平的重复学习。这里根本的原因在于大学生对自己不了解，大学生在入大学时很多都没有结合自身特质去报考专业，在这种选择首先不从内心出发而注重外在收益的传统下，大学生很少有反省和了解自己的意识。所以在实习这个问题上，很多大学生也不是结合自身的特质去寻找实习，更多的可能是觉得大企业、外企、赚钱多等的实习是好实习。

所谓注重自己的内心选择就是要考虑自己的理想、兴趣、价值观等，你确定的实习不一定是和本专业相关的，因为你是否喜欢自己的专业都是一个疑问。如何了解自己的特质呢？这就要学校和学生一起努力了。一方面学校要开设了解自我的课程，提供相应的职业测评软件，开展了解自我的校园活动，营造选择遵从内心的氛围；而另一方面学生自己本人也要有这样的意识，多参与活动多总结，要舍得花钱投入，如买书、做职业测评、报培训班等，多和比自己年龄大的人交流。

对企业的不了解也是制约大学生找实习的一个关键问题。不了解企业会导致不能有针对性地准备，容易发生安全问题，所以在找实习前了解你要实习的企业也是必需的。很多企业没有网站或网上信息不健全是导致学生很难了解企业的重要原因,所以企业加强自身网站建设也是要提上日程的事。学校在这方面要努力营建一个企业库,如将本城市的企业和国内外知名企业做个调查,这样就可以很方便本校学生的查阅。当然也可以组织学生对和本专业相关的企业做调研也可以,这样经过几届学生的积累,学校就会具备一个很全面的企业库了。学生在验证一个具体企业时可以通过114查,到当地的工商局查阅以验证资质,可以到公司网站察看,还可以和此公司的现任或前员工交流。

第二道坎:实习中对岗位和职场不了解

大学生在找实习前主要注重的是企业。企业的规模、声望是学生最看重的,而在实习中,大学生对岗位和职场的认识就要提上日程了。岗位是你的本职工作,职场是你发挥自我的阵地,所以了解岗位和职场是大学生在实习中必须要学习的两个方面。

对岗位的不了解表现在大学生在实习前就没有实习岗位的意识,导致对岗位没有调研,其实岗位实习才是大学生实习最有价值的地方。在实习中一些学生也不重视岗位的体验和学习,从而不能理解岗位的核心工作内容与职责,也就无法有针对性地培养岗位的核心能力。学校在岗位知识方面要开设专门的课程,一方面介绍社会各个岗位的知识,另一方面也要传授调研、了解岗位的方法。一些企业对岗位还没有明确的岗位描述,所以企业要加强人力资源建设。学生自身在实习前要通过互联网或请教职业顾问来明确岗位的描述,在实习中要特别留心岗位的核心工作以及自己与岗位之间的能力差距。

一些学生对职场也不了解。校园环境和职场环境是有很大不同的,你不能用校园里的那一套经验来应付职场,所以拿出一定时间专门了解职场规则是很有必要的,重点了解职场中的人际关系、工作伦理、工作规则等。学生自己可以多去职场类网站看看,或者买本职场图书,以便自己有准备地进入职场去实习。

第三道坎:实习中个人素质与工作能力不匹配

因为对以上因素的不了解,所以会导致实习中大学生个人自身所具备的素质与职场所要求的工作能力不相匹配。如学生办公用品的操作能力不强,不懂得怎样汇报与执行工作,商业写作能力较差,人际沟通、团队协作等能力较差等,这些都是具体的表现。也就是说你不能用写论文的方式和心态来写一个商业策划案,所以在深入了解职场后,有针对性地培养相应的能力是协调自身素质与工作能力相关的有效手段。

学校一定要开设职场素质、职业通用能力的课程,并且组织相应的校园活动。学生自身多和职场人交流,多看职场方面的书,多参加校园实践活动,个人要以工作要求为提升自己能力的参照。

其实,实习就是工作,如果大学生找实习视同找工作一样重要的话,那就不可能找不到实习。而实习本身就是工作的演练场,希望大学生都能站在工作的高度去面对实习,而当那时候,实习也就不成为问题了。

▶大学生找实习存在的误区

希望有亲友介绍现成的实习机会,典型的不劳而获

给大家一个观念,如果你把找实习当做一次实习,把找工作当做一份工作,那问题就迎刃而解了。在就业上,是谁受益谁埋单,如果你想通过实习得到锻炼得到发展,那你就先从自己找实习开始吧。找实习是比实习更重要的锻炼。

希望能去五百强、外企等大公司去实习

谁都想去大公司实习,但是当你有个期望时,你是否为此做过什么相应的准备呢?你有很多选择,但是当你选择去大公司时,你是经过理性判断的吗?能不能去是一回事,想不想去是一回事,这其中决定两者的就是你有此准备的态度和付出的意识。当然,也不是说,你经过针对性的准备就一定能如愿以偿,但是如果你根本就没有什么准备、只有一腔愿望那你一定是去不了的。回头看看自己做了什么,做到了什么,再去确立实习的目标吧。

希望干的活轻松点并能赚到更多钱

干活轻松和赚钱多,两者根本就是一个矛盾,这是不可能。但当你处于为别人打工阶段,尤其还是非正式打工阶段,那就更不现实了。中国企业没有招募实习、培养学生的传统,很多企业都是拒学生于千里之外的,能够招聘实习生就已经不错了,你还奢望拿到很多钱。记住,不是说,干了活不该拿钱,而是要强调的是,盘点一下自己,真的能干什么活,能干到什么程度?能力过硬,完成工作,理所应当拿工资。但现在一些学生有这样的误区,自己没干什么活,就想拿工资,甚至是超于工作价值的工资,这是不对的。我们不能让企业剥削我们,但我们也不能在自己没干好活的情况下就夸口要很多工资。其实,大学生去企业实习,企业所给你的要远比你给企业的多,你是在学徒,在学本事,完成工作是促使你学东西、长本事的手段,如果你把这种真诚的培养当做工作并索要工资就说不过去了。能在企业学到东西、再认识一些好师傅是你实习的最大所得。当然,自己如果真的有所付出了,企业也不会亏待你,靠剥削实习生来发展的企业,它又能走多远呢。所以,正规的企业都不会亏待你的,只要你真的付出了,而且态度很认真。

▶实习的作用

如果你是有目标的人,那你的实习就是要验证选择、弥补差距或找到差距。实习的作用就是证明你的选择是否适合自己,如你想做销售,也认为自己适合做销售,那你就去做一段时间的销售工作,但一定要坚持在三个月以上,太短不足以了解职业,太长增大职业选择成本。在实习中如果你确定销售适合自己,那你就要再结合自身找到自己和销售的差距,在了解一个优秀的销售人员所具备的素质之后,你就可以明确自己的差距,然后你再利用销售实习的机会去弥补这些差距。这些,就是实习对一个有明确职业目标的人的作用。

如果你没有明确的职业目标，那实习对你的作用就是：了解职业、体验职业。在实际的工作中，你会了解一个职业的方方面面，在了解这个职业、体验职业之后，你就会作出自己的判断。

▶怎样找实习

从找实习的主体来看，就是两种方法，一种是别人帮着找，这是依托亲友他人的推荐方式，不是我们要讨论的；我们重在讨论靠自己怎么找实习的问题。

自己找实习的几个简单技巧。这些技巧很简单，就是很少有人去做，但只要你去做了，就会很有效果。

“扫楼”。如果你能“扫”几个办公大楼，那你的实习就没有问题了。怎么扫呢？分三步，第一步先去你中意的大厦去看看都有什么公司，记下公司名字和楼层号，并记录第一次光临时的初步印象；第二步回家上网详细查阅你中意的公司信息，务必要查到人力资源部和你喜欢的某部门的人名和联系方式，并对公司的业务和历史进行详细的记录和思考，同时准备好去公司陌生拜访时的话语；第三步，再次拜访你中意的公司，说出个人名，把他侃晕，就 OK 了。

扫招聘会。找个招聘会，先走一圈，对公司和你中意的岗位做个记录，理解再理解，然后找人家方便的时间，主动找他谈，侃晕他。如果招聘会确实很火，那就记住公司名字和岗位信息，但一定要搞到一个人的名字，有名片就最好了。同样的，回家，上网，百度它，有备而去，再次侃晕他，OK。

结识商务人士，让他推荐你或者向他自荐。上天际网等商务交际网站，或个人博客、QQ 群、论坛，也可以参加活动。总之，无限的互联网上，认识已经工作的人，把他侃晕，他自然就帮你了。这里有个思维方式的转换。其实，他是做什么工作的，他的烦恼就是什么，如果你善于把握，和他谈工作，分担他的烦恼，那自然就拉近了距离。

▶找实习前要解决的问题

1. 定位自己喜欢什么

虽然不了解中国大学生的通病，但你在找实习前还是要思考一下，自己曾经喜欢什么、现在喜欢什么、自己愿意做什么，如果这些问题的答案是和工作有关的而并非仅仅是爱好，那你就可以考虑以此为实习出发点，尽量找你喜欢的相关的工作去实习。

2. 自己要做，达到什么

如果上一个问题你没有或不会操作，那你可以问问自己，希望通过实习达到什么？你的期望是什么？是锻炼什么能力，了解什么，还是你有一个远大的职业目标。由此出发，你可以结合期望和目标去选择你要实习的方向。

3. 了解雇主

当你向雇主投递简历前，请你确保了解这个雇主，最起码不能连公司名字和做什么业务都搞不清楚。当然了解越多你的准备也就越充分，胜算也就越大，当面向雇主询问诸如咱们公司是生产什么产品等的问题是很可怕的，因为你让雇主看到了你很不认真，也没有多大准备和诚意，那结果也就不言自明了。

4. 了解工作

了解你要应聘的岗位，这可是你的本职工作。在应聘前、面试前都是你恶补的机会，多上网看看是可以做到的。如果你问诸如咱们这个岗位是什么工作等的问题时，这所造成的恶劣印象比不了解雇主更可怕。所以，拜托找实习、找工作的大学生多做点功课，在应聘前多了解一点，这不仅仅是能力和时间的问题，更多体现的是你的态度和诚意。

你真的适合考研吗

考研是一阵风，它能让很多人发疯。因为它能让本不想考研的同学也去参与一下，本来想考研的同学又不知道为什么考了。在就业率的大棒下，老师们不管你适不适合考研，就统一动员大四学生去考研。而很多大学生也不管三七二十一，也不去结合个人情况就盲目参与考研，这部分人的命运似乎已经安排好了，经过三个月的努力，然后失败，转而在三个月后继续艰难求职。

▶考研的误区

1. 别人鼓动下的报考

老师动员一下，跟学长交流一下，看到班里很多同学考，经不住父母的游说。总之，自己不打算考的，但是在别人的影响下还是决定考了，继而也买资料去复习了。别人的想法不是你的想法，你的人生不是别人的人生吧，那你就应该有点主见。在听了别人的建议之后，请你仔细思考自己的情况，然后再决定是否考。

2. 逃避就业困境的选择

自己求职碰过几次壁，或者感到自己目前找不到好工作，就决定考研。逃避就可以了吗？是什么影响了你的就业呢？如果这个原因是一定要通过考研才可以解决，那么你可以考研。但是上了研究生就万事大吉了吗？看来要补充的是经验、提升的是能力，可这些是不考研也可以实现的阿。

3. 多学点知识下的借口

总感觉大学四年没有学到东西，所以在毕业时就有一种继续考研再学习的心态。但是，如果你回忆一下自己的大学就会发现，你没有学到东西往往是因为你没有去学，没有去努力学。另外，你要多点什么知识、补充什么能力呢？如果你不能明确，那么即使上了研究生也是和本科差不多，因为你还是没有一个目标。

4. 为以后更好地就业

现在本科生就业难，那么如果是研究生可能就好些了，毕竟比那些本科生学历高一点，这是一些学生的想法。可是研究生就业不难吗？你去分析一下，那些就业难的学生是怎样的？博士生不也就业难的吗？北大的学生不也就业难吗？你说为了更好地就业，可是你要就什么业呢？你日后要做什么工作，你要为什么职业而准备呢？如果这些你没有答案，那你还是不要盲目赶路好。

5. 成绩很好一定能考上

有的同学大学里成绩很好，一直在班里、系里名列前茅，所以他想当然产生了幻觉，我成绩好应该继续读，而且也会考上，那我就去复习吧。他不去思考考研对他的影响，而是基于过去的状态而做出这样的决策。其实，人的每一步都是为下一步做积累，那么下一步是什么呢？你能考上就去考吗？你分析过，考研是你目前最好的出路吗？对自己最有利吗？

6. 继续报考不喜欢的本专业

既然决定考了，可是还继续选择自己本科时不喜欢的那个专业，因为考那个专业可以少复习很多专业课，从而就比较容易考上。但是，那个专业是你不喜欢的，是你不愿意从事的工作，那么即使你把这个专业读到博士又有什么意义呢？一个自己很精通却不愿意日后从事的专业即使你学得再好，对自己未来的发展又有什么好处呢？人家就看中你的硕士学历让你做一个与自己丝毫不相关的工作？

7. 家里条件好能支持复习

考研是一个人的战争，考研也是一个财富的游戏，尤其是对于那些课程不好的同学来说。有的同学家里比较好，有这个经济实力去支持你考研而产生的所有开销，甚至你十年八年不工作也没有问题，而家里也希望可以继续读书，如此这样而考研的学生也很多。但这些同学应该问自己一些问题，你就不要进入社会了吗？你就不要工作了吗？你牺牲其他时间来考研对你的发展是最有利的吗？

8. 为了考研而考研

一些同学不理解考研只是实现目标的一种手段，而错把它当成了目标。如果是短期阶段性的目标也是可以理解的，但是却在努力考研的过程中忘了自己的目标，就是为了考研而考研了，却忘了还有其他实现目标的手段。还有一些同学在决定考研之前根本就没有目标，索性就把考研当成了人生的一个目标。所以你会看到一些考了四五年的人还在努力考，其执著可以理解，但执著背后的目标呢？

9. 情侣考了我也要考

有了情侣的同学在考研或者已经在读研，为了保持"门当户对"，自己也就决定了考研。以此为考研的理由，一方面客观上促进了自身的进步，另一方面也维持情侣之间的平衡。可是，考研就是你目前最好的出路选择吗？保持同一性、一起复习是好事，但是你分析过自己的情况吗？

10. 以继续深造的名义考研

有些同学觉得适合向学术发展，可能是本科时成绩比较好，可能觉得做学术是一件不错的事情，可能认为日后这样可以在高校工作。总之，向学术方向发展是其考研的出发点。这个动机本身是没有错的，但是如果将动机和他的行动联系在一起就不是那么回事了。他们可能对自己所要报考的专业都解释不清楚，也没有对其详细的调研，更不知道专业的最新发展动向，就是凭着一相情愿的学术梦而选择了考研。

▶考研前要一定明白两个问题

第一，你为什么要考？

考研是你实现工作目标或人生目标的一个手段、途径，但却不是唯一的，所以如果你是为了实现目标而犹豫是否考研的话，那么你要对自己的目标进行调研，在明确实现目标的几种途径后，然后再结合自己的情况，选择一条实现目标的途径，这时候就不一定是要考研了。

你要给考研一个理由，一个自己的理由，其标准就是考研对你日后有什么具体支持和好处（要量化），同时要知道如果不考研你还有什么选择，这些选择对你的发展都有哪些利弊影响呢？你一定要对这些进行详细、量化的分析，然后找到考研的依据。也就是说，要不要考研是你的目标所要求的，是你经过分析、论证得出的结论，而不是头脑一热的决定。

第二，你要考什么？

高中是你的第一次自主选择，而考研就是你的第二次自主选择。高考报专业的失利已经让你四年大学有了具体的感受，那么考研时就不能再重蹈高中时的覆辙。人生紧要的关头没有几步，这些关键的关头又给了你很多的选择，如果不结合自己的情况和目标来做选择，那么可能就成为你下一步的挫折，那么这个转折、再开始的机会你就没有把握住。

目标和手段的一致性，个人和选择的同一性是考研时选择专业的两个依据。如果你有成为市场营销总监的目标，那么请你选择市场营销专业来考，虽然你的自动化专业让你有考上研的很大优势，但他不支持你的目标。如果你发现自己不适合学理工，也不愿意再做理工科的工作，那么你就不能再报考你的专业及理工科专业。

第五章

毕业了，人向何处去

◇想到和得到之间，有一个做到，而你做到了什么？和问题相处，和工作恋爱，和职业结婚，和理想白头……

◇如果你所学专业是你不喜欢的，那你千万不要再考本专业的研究生，没有必要在不喜欢的专业上越错越远！

◇生命的尊严和生存的压力，哪个更重要？毕业时就会有所表现！

什么样的大学生好找工作

总有大学生问:什么样的人好找工作?大学生期望从中找到企业的具体要求,从而为之有针对性地做准备,这说明大学生已经开化了,知道了未雨绸缪和定制的重要性,为此笔者总结了一些看法,一家之言,希望给有同样疑问的大学生一些参考。

能力和态度是找工作的两个核心。要么你现在就行的能力,要么你有未来能行的态度。两相比较,更多企业更在意的还是态度,这是因为能力只要加以时日和给其机会就是可以拥有的,但是态度的改变却是很难的,甚至有些时候,企业宁可录用态度端正而能力不足也不要能力突出但态度不正的人。

与能力相关的因素如下:

1. 了解岗位的人

大学生求职时的一个怪异的现象是,要求本职岗位的大学生却对此是什么、做什么、什么人能做等一些基本常识不是很了解。有时候还要请教面试官,可见大学生求职前的功课做得很不到位。假设你和同学一起去面试市场助理这个岗位,如果你对这个岗位有充分的调研,知道此工作是做什么的、怎样才能干好等,那无疑你的胜算要比其他同学高很多。所以,岗位探索是大学生求职的第一步功课。

2. 了解企业的人

了解企业也是你求职时的一个优势,如果你对自己要求职的雇主一无所知或所知不多,就让面试官感觉到你不是很重视和喜欢这个企业,所以对要求职的企业进行探索也是一个必不可少的功课。如果你知道企业的全名、企业的核心业务、企业的战略发展目标、企业的用人要求等,并能够在简历和面试中充分体现,无疑在同等条件下,面试官会优先选择你的。

3. 了解自己的人

如果说，岗位是你的阵地，企业是你的平台，那了解自己就是所有问题的出发点了。你不能坐等企业、别人给你安排合适的、喜欢的工作，你要自己主动去争取，但是现在企业面临的一个紧迫问题是，如果你问大学生，你喜欢做什么工作时，他是无法回答的。那么了解自己、探索自己就是大学生树立目标、定位职业发展方向的前提，知道自己要做什么的人，往往最后就可以得到什么。不知道自己要什么的人，往往最后什么也得不到。企业是喜欢有目标、有追求的人，不怕你的要求多，就怕你达不到目标。

4. 有从业经历的人

有工作经验是大学生求职的杀手锏，一方面说明你做过工作，另一方面说明你想致力于做这方面工作，工作经验无疑是你谋取工作的好手段。可大学生目前的状况是，社会实践不多，公司实习更没有。那么，在校的非毕业生们，就要有实践实习的意识和行动了。

5. 有核心能力（专长）的人

在大学里有专长的人不多，但是如果你有一项比同学、比其他人都强的专长的话，那么你就可以靠这一招，找到好工作。什么都懂不如只懂一行，在这个竞争的社会里，你会发现专业性人才还是很有竞争力的，专长就是你的专业，你的核心竞争力。这个社会是饿不死有手艺、有专长的人的，哪怕你会做煎饼果子。专注于一个方面，塑造一项能力，到毕业时这项能力比别人都强，那你又何愁工作呢？其实，找不到工作的人，都是那些样样不行，一样也不行的人。

6. 适应性强的人

什么是适应性，就是像老鼠一样能生存。无论本职工作多么难做、多么累，无论公司人际关系多复杂、文化多垃圾，无论外在环境多么不好，无论你的差距有多大，你都能首先接受，然后学习补充差距，最后能适应环境并能在环境中找到发展自己的方面，这就是适应性。学习力、忍耐性、信心是你开发自己、适应环境的关键，而且你会发现，人的潜力确实是无限的,只要你去开发。

与态度相关的因素如下:

7. 和企业目标一致的人

一般来说,企业是个人发展的平台,在与个人目标一致时就会在企业多干几年;如果发现企业不能为实现自己的目标提供支持,那往往是人要辞职离去。但是对于刚工作的大学生来说,接受企业的发展目标,将自己的目标融入到企业目标之中才是上策。因为,在这个阶段你没有独自发展、选择企业的能力和资格,所以,还是要和企业保持一致的,这样,当你的能力不足时,你的目标就会得到雇主的认可,因为目标一致的背后,是你可以和企业走得更长远些。时间是可以提升你的能力的,时间是可以把你打造成适合企业需要的人才的。

8. 勤奋的人

勤能补拙,勤奋可以最大化地减少你与岗位能力之间的差距,可以最大化地减少你与企业之间的不足的。所以,当你在求职时,能证明自己是勤奋的,企业也会给你机会的。要注意的是,勤奋不是你自己说出来的,而是你通过自己曾经做过的事情让雇主得出这个结论的。

9. 敬业的人

现在找个敬业的人很难,因为很多人都把工作当做了工作,当做了谋生的手段,在此心态下,应付工作、完成本职工作就万事大吉了。而敬业是把工作当做事业,是对工作的敬仰,是人负责、认真的表现,敬业是追求完美、全力以赴、精益求精的一种态度,是离职时站好最后一班岗。让企业感到你认真、负责、责任到底、精益求精,那么你敬业的态度就被企业认可了。

10. 有激情的人

激情可以创造一切,可以让你有持久的工作动力,是企业发展的原动力所在。激情,源于喜欢,源于自信,源于热诚。一个激情的员工要胜于两个普通的员工。激情不是可以伪装的,如果你不是真的热爱、看好一项事情,你是不会这样痴狂的。只有真正地找到你的兴趣所在、目标所在，你才有可能迸发激情。

当然，这十个方面往往是在一起交叉综合起作用的。作为在校大学生，培养职业能力、了解工作世界和正确地了解职场，并能够提早、有针对性地为其准备，这才是大学生准备就业的上策。

抱怨就业难的同学，你自己尽力了吗

现在就业太难了，很多同学都有这样的抱怨，有人抱怨政府提供的岗位太少了，有人抱怨企业的要求太苛刻了，有人抱怨说是教育扩招惹的祸……当你可以说出几个理由时，你可否思考过自己的责任呢？建议抱怨的大学生问自己一句：我为我的就业准备了什么，准备了多久？

▶待业大学生的问题在哪里

在和待业大学生，包括一些大学三四年级学生的交流中，笔者发现那些就业难度大的学生局限于以下几类：

无准备跨专业就业。自己学 A 专业的，但在大四求职时却想做 B 专业的工作，而且还没有什么准备，这样的同学就业不难才怪呢。

一业不专没有个人优势。就业就是精英主义的竞争，而且大学生在初入职场时往往做的是基层技术活，这一类别的大学生即使得到了面试机会也无法胜出。

不自量力的高就业期望者。他们有很好的个人期望：大公司、高薪酬、好工作。但是却忽略了个人现在的实际情况，个人坚持非那样的企业不去，而现有的他又去不了，导致就业困难，套用民间的话说就是"没有金刚钻却要揽瓷器活"。

无准备求职。这样的学生不在少数，一份简历包打天下、苦背面试问题应对面试，有的是在连应聘的是什么公司、这个岗位是做什么工作都不清楚的情况下展开求职并侥幸得到面试机会的，结果如他准备时一样，都是无准备的失败。

▶你为什么就业难

从可以改变的个人因素着手出发，罗列一些因素供大家参考：

有时间和精力准备改变就业时却在放纵自己，导致大学四年级以前的美好时光无价值地流逝。

无追求地来到大学，不知道大学之于个人以及未来的价值在哪里，目标的缺失导致大学时光的虚度。

闭门自修，在不了解专业发展趋势与企业（职场）的实际要求中苦苦自学，导致自身有限的学习和企业的实际要求脱节，在起点上的走偏使其在毕业时很难应对企业上纲上线的任职要求。

不明确的专业学习与个人就业偏好间的差距。很多人在不了解自己所学专业日后能做什么工作时就已经在学此专业了，而其又没有对个人喜好的职业进行大学里要学什么的调研，导致所学的毕业不能用，所愿的工作现在又不能。

没有管理、开发、规划自我的意识。这背后透露的问题是对生命、人生的思考不足，由此在外在诱惑和从众中率性而为，个人在毕业后既没有突出自我的专长，也没有显而易见的个人品牌。

个人低付出与高回报的不对等意识。我们知道好结果的获得是要有代价的，是要有成本的，但是很多学生都是高期望、低付出甚至不付出，此种行为是无法达成愿望的。有的学生在大一时就信誓旦旦地说要去宝洁等大公司，但是直到毕业那一天他连宝洁的网址都不知道，这样的现象在大学生中就业时的情况数不胜数，这也是导致个人就业难的最大原因。

▶你为自己的就业做了什么

就业难的学生很多都是在大学四年级毕业时才关注自己的前程的。有的甚至是在大四下学期才开始着手求职的，在时间的起跑线上他们已经输了。当然也不是在大学一年级开始就去准备找工作，但是每个大学生都应该从大学一年级开始思考自己的人生、职业问题，在不同的阶段进行不同的准备。

专业不专是很多学生的问题。很多人都说不喜欢自己的专业，但是当你问他学了多少自己喜欢专业的知识时，他也无法回答。就是这样，本专业不专，其他专业没学，无业可转，待毕业时不得不靠自己已经毕业的本专业求职，但是连自己专业是研究什么都说不清楚时，就业难不足为怪了。

再说大学里的学习，如果你应付、不学本专业也就算了，但很多学生却由此什么也不学了，职场上有用的东西不学了，提升自身发展的能力也不修炼了，了解体验社会、职业的实践也不怎么做了，如此地混大学，毕业时就一无是处了。还有的同学只学学校、老师要求的东西，完全依照学校的教学体系和思路去学习，对自己、社会、生活有用的东西也不去学，被动地学习，导致被动地与企业要求脱节。

第一份工作就是第一次工作，很多大学生都是这样的情况。在大学时有机会时没有去参与校园社团活动、没有去做社会实践、没有去做企业实习等，导致自己对社会、职业了解太少，在不得不就业、不得不走入社会时大大的迷茫，社会与工作的双重压力骤然地增大，在此种情况下找工作难就成为了必然。

▶你可以为自己做什么

影响大学生就业的因素主要有四个方面：一是求职方向，即找什么工作入什么行的问题；二是求职目标的考查问题，了解要应聘的企业、职业的问题；三是求职技巧的运用，简历、面试、求职信息与渠道的应用问题；四是积累工作经验的问题，如何找到实践、实习机会。

1. 求职方向的确定

你了解社会分工吗？知道我们国家都有什么行业吗？这个问题自己可以怎么解决呢？对，去互联网，百度，用三个小时去了解这些知识，你能做到吗？如果你能做到，那你就会了解到；如果你还对自己负责，那么建议你对自己喜欢的行业进行10万字的理论调研，还是通过互联网；如果你觉得这样还欠妥当话，你还可以去访问业内的100人，依然是通过互联网找他们。这个工作需要你花多少时间，最多一个月。对，就这么多时间，当你遇到这样问题的时候，你会选择这样做吗？你会觉得做了是对自己有好处吗？抑或你依然让问题搁置，等待上帝的解决？

2. 求职目标的考查

你想去世界500强，你想做人力资源管理，你的理想是当职业经理人，可以，但你对他们了解吗？怎么办？互联网，方法一样，可以吗？可以的，10万字的调研资料能让你成为一个小专家，不信你就试试，要花多少时间，6小时就够了，对，就360分钟，还不到你的一天睡眠时间。你愿意做吗？是选择做，还是选择面试失败？你自己看着办吧！

3. 求职技巧的运用

求职有技巧吗？有！那是什么呢？我也不知道，因为我还不知道你要求什么职。你说我不会写简历，我不知道怎样准备面试，谁都不帮你，你怎么办？你可以自己做吧，百度10个简历你就会做简历了，面试也是一样啊，而这困难吗？当你去听学校的讲座时，已经写好自己的简历，对，就需要2小时，你尝试过吗？自己能做的何必求人呢？

4. 工作经验的积累

这个就不是自己努力就可以具备的了，要有组织给你机会了，怎么找实习？给人家免费干活你去吗？去做义工你去吗？有准备登门自荐十次你尝试过没有？整理出公司10万字资料你弄过没有？找出公司产品或其他问题并提出解决方案可以吗？认识几个公司的员工行吗？去招聘会和企业聊天行吗？把公司竞争对手的缺陷写出来可以吧！这里只要有一个方法你坚持做了三次，我就不信你找不到实习！怀疑我的大话，欢迎你去尝试一下，然后来跟我对质！

他说就业难，你也说就业难，可是你为自己付出了多少呢？不说钱，就2小时的时间你愿意花费吗？如果你连这个都吝啬，那请你不要抱怨就业难！因为你自己都不帮自己，还指望别人或者政府吗？

什么样的工作是好工作

▶什么工作是好工作

什么样的工作才是好工作呢？对于这个问题，大学生们在小时候就已经有了自己的看法。在我们小时候，父母和师长们就时常给我们灌输好工作的标准，在他们来说只要我们好好读书，可以考上大学后，就可以找到好工作了，可以到国企吃大锅饭，可以去银行邮局拿高福利，可以去外企当小白领，可以当国家公务员……给我们的憧憬就是上了大学找到了工作就拥有了一切，就可以实现我们的人生目标了。

所以，当我们经过了高中的奋斗挣扎升入了大学之后，我们就误以为前程无忧了，就有保障了，所以我们就游戏大学了，到临毕业时我们才发现我们根本没找到父母师长们的所谓好工作，甚至连找到一般工作也是个问题。这时候我们疑惑了，为什么处在高知高学的今天，大学生也会待岗，也会毕业就失业，这个社会到底是怎么了？

当在校大学生为前程担忧疑惑时，毕业了几年甚至十几年的人们也在为工作、为前程担忧，他们也在迷惑着，自己做的N年的工作竟找不到满足感成就感，竟然在数着指头混日子。虽然他们已经取得了一定的经济基础，有房有车了，工资奖金分红也好多了，怎么就没有工作的激情呢？怎么就不喜欢所做的工作呢？

无数的职场事实告诉我们：大家都有个工作，也是以前认为的好工作，但是经过几年甚至不到一年时就发现自己不喜欢了，就感觉不到成就感了，所以不得不又重新思考定位自己了。其实，从中很重要的一点是我们要对我们曾经所认为所判断的好工作的标准进行反思和批判了。

工资高的，岗位高的，福利好的，国家垄断企业的，国际500强的，满足这其中的一条或几条的工作就是好工作，这就是我们以前的评判标准，至今也在广泛发挥影响。

▶这样的工作真的是好工作吗

让我们分析一下这个传统的标准。工资高点，福利好点是经济报酬，在资源有限的时代里经济报酬是人们提高生活水平的直接杠杆，所以，我们生活在这个温饱向小康迈进的社会里，大家都对钱，也只以钱为唯一的衡量成功的标准，而这是个谈不上对错的问题。但这里要强调的是，“钱”其实只是一个劳动后的结果性报酬，是个改善生活的手段。我们赚钱的目的并非是要天天点钱，也不是以积累财富为人生幸福的唯一砝码，钱只是个实现这些目的的一个手段，当然钱这个等价物可以很方便地交换到我们所希望要的东西。所以，由此推导到工作上就是，好工作的目的并不是可以赚更多的钱，而是可以对提高生活品质作出最直接最大化的改善，可以最终水到渠成地以钱为结果性等价物来实现我们的理想的。

接着说职位高点，职位高点意味着位高则权重，权重则利多，也就是说，一个高一点的岗位最终还是体现在经济回报上，有更多的工资和福利，分红等，这和上个工资的分析是一样的；当然权力大一些，还可以进行一些明里暗里的交易，以获得更大更多的经济回报，从而进一步的提升自己的生活品质，当然不排斥有的人把位高定义为施展抱负的手段。

国家垄断企业，大国企，像通信、铁路、银行、汽车等一些以国家权利意志为垄断的企业可以产生更好的福利，所以，抱着向小康迈进心理的人们对国企亦是趋之若鹜，工作也不管干什么，怎么干，只要是为国家干就拼命地往里进。

国际500强更多的是以市场化来垄断占有市场的，那里有着优雅的办公环境，完善的培训机制，诱人的薪酬制度和国人朝圣般的羡慕和买账，所以，有需要有追求的人们无一不以进外企为荣。人们果不其然地把这个也当做了好工作的一个标准。

描述上述标准并不是要否定这些标准，从人们的外在追求和内在需要来说这些标准是无可厚非的，但职业的不适应不满足就在这个无可厚非的标准中诞生了，这是为什么呢？其实这些只是外在的标准，人们在赶路时过度的重视了外在标准和要求而忽视了内心的感受和价值。

▶好工作新标准的依据

好工作新标准的依据是注重内在，攀登外在，实现内在外在的有机互动。

从人和世界的互动来说，人们要追求的是内在价值的实现。如职业兴趣的满足，职业理想的实现，但这些内在追求是要通过内在与外在并最终要借助于内在来实现的。所以，在追求最终的目标的过程中，尤其是在这个速食时代里人们被搅得只考虑了外在要求，而忽略了内在的感受和塑造，也摒弃了内在与外在的互动，而仅仅单纯的考虑了外在这一个因素。简单地说就是，人们的内在追求是要通过内在的成长来实现的，而外在的实现则是通过内在与外在的互动来实现的。

举个例子来说，比如你想实现帮助人培养人的愿望，在经过测评、分析、内省等步骤的判断下你选择了人力资源总监这个目标岗位，那你要如何实现这个目标呢？

从常规的晋升通路来说，你可能从培训助理或其他模块的助理这个较低的入门岗位做起，接着做培训专员，培训经理助理，培训经理，然后再跨模块做个行政经理或薪酬经理等就可以做人力资源总监了。在这个过程中你要确定行业领域，你要学习培训及人力资源的直接和相关知识，你要进个目标企业做培训工作，你要在沿着通路时走个性化的晋升之路，你也要培养与人打交道的兴趣，培养细致洞察沟通倾听的能力，你要掌握相关的人事软件的技能，你要有耐心耐劳的意志，还要专注于自己的理想，你也要塑造自己外向的适合与人交流的性格，你要适应人力资源工作方式，你要适应这个工作所决定的生活方式。

那让我们来分析一下上述案例的内在，外在的对应关系。你有帮助人的愿望是你的内在追求。你要做人力资源总监来帮助人，这是你的外在追求。从助理做起的那个晋升通路是你的外在通路。行业，企业的选择你的外在平台，你学的人力资源的知识、技能、能力是外在要求。你要塑造的兴趣、性格、理想是你的内在素养，你要适应的工作方式和生活方式是内在与外在的互动。

用这个理论来分析上面的那个传统标准就会很明确了，目前很多人是颠倒和迷失了内外的关系。一些人为了当上人力资源总监，而忘了他的内在价值追求——帮助人培养人。在找工作时单纯地着眼于所谓的三高（高薪、高位、高福利），已经忘了他为什么找培训助理那个工作了，已经为外企或国企的手段所困惑忘了要达到的目的了，所以一个很可笑的现象发生了，一个为了追求内心价值理想的愿望在外在道路选择面前迷失了，偏离了，从而导致了做着与目标和兴趣/理想无关的工作，而如此忽视内在需求的工作又怎么会让你满意呢？

▶好工作的新标准

好工作的新标准是“职业五即”：

所学即所做，知识与工作的持续性

一个好工作一定是把自己的“所学”充分利用上。我们大学的教育投资很大程度压在了专业的学习上。无论你所学的专业你怎么选的，在中国目前的这种大学教育体制下是一定会如影相随地伴你四年学习时光的，但这种专业的不恰当选择性注定了会造成诸多的不喜欢不适合不匹配。所以，我们这里的所学指的是你喜欢的想要在此长远发展的专业知识，可能是你所学的专业，也可能是你自己私下所学的专业。

你在大学里辛辛苦苦铸造的“所学”在找工作时一定要派上用场的。好一点的效果是你按照“所学”的领域找工作，以便让自己的“所学”在工作中有更长远的发展，从而最终培养出核心能力。因为你在大学里选择的“所学”是你自己的喜好选择，是代表了你的一定追求，你要把这种持续性保持下来，当然也不排除选择的失误。而现在的情况是，很多大学生学了四年的专业或自学的知识，找工作却与其“所学”很不相关，这无形中不打自招地承认了大学投资的失败。当然大学里还有其他无形的东西，这里所要说的是职业选择要与“所学”保持持续性，否则四年的学习相对地就终止了，又要在工作中重新开始，无形中延迟了实现自我的时间。

所做即所乐，工作与兴趣的趋同性

一个好工作一定是结合自身最大兴趣在里面的。上面的“所学”已经在知识层面把兴趣融合在里面了。兴趣才是最大的老师，兴趣才可以产生不竭的动力和激情，所以，找到一个和自己的兴趣趋同的工作才是好工作。

目前很多大学生的悲哀在于自己喜欢的工作没有做，却长久地做着自己不喜欢的工作，而且还没有马上转换的意向，毕竟在一个错误的道路上走了好远好远，要马上换路还有些舍不得。造成这种现象的原因是，很多大学生在选择工作时是因为迫于生存的压力，准备的匆忙和忽略内心的价值所导致的。其实这个问题也是好解决的，那就是在大学时沿着兴趣去学习，去塑造，然后找工作时沿着“所学”去选择工作就可以了。

所做即所能，能力对工作的胜任性

一个好工作一定是在你能力和潜力范围内可以胜任的。大学生目前的一个现象是能做的工作不想做，想做的工作不愿做。这实际上反映的就是大学生对自身的一个不了解的问题，不知道自己的优势专长在哪里，不知道自己的能力潜力在哪里，必然导致这种问题。

分析自我得当的情况下，如果所做的工作你不能胜任，原因要么是你不勤奋，要么是你选择失误。但多数情况下都是因为不了解自己而导致选择了不恰当的工作。了解自己一方面是通过职业测评，别人评价，成功业绩等外在手段来诊断自己，另一方面就是深刻的自我反省和分析，两者相结合是可以判断出自己的优势能力范围的。还要强调的是，在正确选择的基础上是可以通过理想或压力来有针对性挖掘出适合目标工作的潜力的。

所做即所愿，工作与理想的一致性

一个好工作一定是和职业理想一致的，有直接关系的。好工作是可以为实现职业理想作出奠基的，是职业理想要求下的一个晋阶手段。我们所做工作的最终目的是为了实现内心的价值追求——理想的达成。所以，不要为了工作而工作，而要为了实现理想去工作、去选择工作。

要从具体的、个性的工作中找到支持理想实现的关键因素，从而有针对性地去学习完善这个因素。最忌漫无目的地胡乱做着各种工作，但忘了做这份工作要为理想做些什么。如此这般的人，只会落下赶了好远的路，但却从来没有接近目的地的悲惨结局。

所现即所求，通路对目标的支持性

一个好工作一定是在这个既定通路上可以越来越接近职业理想的工作。每个工作都有着客观的既定的职业晋升发展通路，所以当你选择了一份工作，不但要看这个工作本身是否和职业理想一致，还要看这个工作的晋升通路是否对职业理想有帮助。否则，只是这个工作本身对职业理想有帮助，而其向上的发展对职业理想的支持不大或没有，那你向上发展就没有必要了，因为你的最终目的是实现职业理想——内在的价值追求是沿着这个既定的职业晋升发展通路发展下去。

好工作的新标准其实就是为了满足自身的最大成就感，最大化地支持内在价值追求——职业理想的实现，从而达到自我实现的至高精神境界。而这个新标准的制定前提就是假设人最看重的是自我实现的内在感受。事实证明，不断超越自我，满足内在追求的人是可以逐步实现外在需要的，而且也只有内在的最大化发展才会导致外在进一步满足。当然这个标准也有例外，那就是对职业价值观极端外在和极端内在的人并不适用。

毕业生求职的五要五不要

▶求职定位前的五不要

不要仅仅因为你学过什么,你就去应聘什么

很多学生在求职定位上的一个通用误区是,因为我是学这个专业的,因为我学过这样的课程,所以在求职时,我就应聘和这些相关的工作岗位。其实从相关性上看,是可以得出这样的推理的,学校的专业分类也是为相应的职业而准备的。但工作是讲求适合的,你学过不代表你适合,你学过不代表你能做。况且,你的专业很大程度不是你主动选择的,即使你是主动选择的,你在大学里又对专业有多少学习呢？别拿那些分数来说事,上过大学的人都知道,分数是不能代表能力的。求职时专业对口,这样才能发挥自己的优势,这个观念大家都是认同。但问题就出在,很多大学生是不喜欢自己的专业的,而为了得到高等教育学位证,熬过了四年,才得到了证书。所以从这个前提出发,在求职时就不要因为你学过什么就去应聘什么。

不要仅仅因为你做过什么,就去应聘什么

很多学生在简历上有很多实践经历,但其实和求职岗位相关的是不多的。这里就出现了第二个误区,很多学生感觉我做过什么什么,所以我就拿我的优势经历来应聘相应岗位吧,这样才会把我的优秀、优势经历告诉大家,才能让大家认可我这个人。其实这也是需要澄清的,要知道你所谓做过的事情又有多少含金量呢？很多学生在大学里的实践、实习其实都是一个层次上的。悲观点说就是打杂,没有提升的N个社会实践能代表什么呢？你做过的是你的经历,但不是所有的经历都是能转化为能力的,很可能你做过三份家教但你还是不会和孩子沟通,也许你办过五次活动但你组织能力还是没有提升。岗位是讲求与能力相对应的，核心的、个性的能力才是你应聘本岗位的资历。所以在写简历时，你要提炼合并你的经历，将之归结为相应的能力，升华为个人的资历。

不要仅仅因为你能做什么，你就去应聘什么

很多学生在求职时的定位很大程度上取决于自己能做什么，他认为我能做的我就能胜任，我能做的就是我的优势，我能做的就是我可以做好的，那在求职时一定也是可以体现优势的。所以，很多学生在求职时将自己能做的岗位都写上，你会看到很多诸如“应聘市场、营销、策划及其他相关工作”的求职意向，让人家感觉到他能做很多事情。其实当你和他交流时才发现他什么也不能做，为什么这么写呢？他们可能这样广撒网才能捞到鱼，企业拒绝我这个还能看到我那个，或许会给我其他的机会吧。殊不知，企业招聘就是找适合的人、就是找和企业、岗位定位一致的人，所以你会看到每个岗位都是有不同编号的，他们的工作就是在众多和岗位一致的人中优中选优，适中选适。你写那么多意向，他要将你归到哪类呢？在那么多简历中，他哪有时间为你分类定位呢？如果你都不知道自己能做什么，想做什么，那企业又怎样给你安排位置呢？

不要在不了解目标企业和目标岗位时就盲目去应聘

很多学生在应聘时对要应聘的企业和岗位都不是很了解，那面试中你还有多大的胜算呢？尤其是在过 HR 这关时，企业 + 岗位就是定位明确的标志，那你在面试前就要对这两个因素做详细的调研。

不要在对自己和未来没有定位时就盲目去应聘

当你把公司和岗位确定后，你就要对自己以及自己的未来做个定位了。对自己定位对应的是你能否适合在岗位上做得很久？对自己的未来的定位对应的是你能否和企业一起走得很久？这也是 HR 最关心的问题之一。

在说完五不要，对应的就是五要了，这个更加适用于非毕业生和马上要就业的毕业生。

▶求职前的五要

要对自己所学或所喜欢的专业做个出路调研

对自己所学的或所喜欢的专业做调研的目的是，你要了解这个专业到底是学什么的，到底对生活和工作有什么用，目前的发展前景和大师是谁，你自己喜欢或擅长的领域是什么，这个专业毕业后都能做什么工作？尤其是你对这个专业的看法和擅长是什么？每个出路的发展前景和现状是什么？每个出路都需要怎么准备和能力？掌握了这个，你就会对自己的专业有明确的了解了，就不会回答不上专业上的问题了。

要对自己要做的职业做个调研

当你确定要就业时,你就要对你想要从事的职业进行调研了。这个职业的发展现状和前景是什么,都有什么岗位,每个岗位都是做什么的,岗位的典型一天是做什么的,每个岗位在企业中的具体作用是什么？这个职业的一流人物是谁？这个职业的薪资福利是怎样的？这个调研的作用在于证明你对应聘的岗位很了解。

要对自己想从事的行业做个调研

这个行业的发展现状和前景是什么？都有哪些一流的企业和人物,行业的一般入门要求是什么？这个调研的作用在于你会这个圈子很了解,证明你曾经或以后要在这行发展。

要对自己要求职的企业做个调研

要了解企业成立的时间、主要业务、现任领导、现在的部门设置、人力资源部门、岗位的任职资格、此岗位在部门与企业中的作用、现在都有哪些人在做这个岗位,这个岗位的发展路径和薪资待遇怎样？了解了这个你就会对企业和企业要招聘的岗位了如指掌,让人家感觉到你关注并很希望加入到企业中来。

要对自己做个盘点和定位

要对自己的经历、能力做个盘点；要对自己的兴趣、价值观、性格有个了解；要对自己的理想、追求有个明确，要对自己的未来工作和生活有个展望；要对自己的第一份工作和三年内的发展有个定位；当你把这些都弄明白了，那在回答关于自我的问题时就如鱼得水。

求职，确定你的最佳路线

为了和人类一样聪明，森林里的动物们开办了一所学校。开学典礼的第一天，来了许多动物，有小鸡、小鸭、小鸟，还有小兔、小山羊、小松鼠。而学校为它们开设了5门课程，唱歌、跳舞、跑步、爬山和游泳。当老师宣布，今天上跑步课时，小兔子兴奋得在体育场跑了一个来回，并自豪地说："我能做好自己天生就喜欢做的事！"可其他小动物，却有的撅着嘴，有的耷拉着脸……放学后，小兔回到家对妈妈说，这所学校真棒！我太喜欢了。第二天一大早，小兔子蹦蹦跳跳地来到学校。老师宣布，今天上游泳课，小鸭子兴奋得一下跳进了水里。天生恐水的小兔傻眼了，其他小动物更没了招儿。接下来，第三天是唱歌课，第四天是爬山课……以后发生的情况，便可以猜到了，学校里每一天的课程，小动物们总有喜欢和不喜欢的……

这是在美国广为流传的一则关于成功的寓言故事。故事寓意深远，它诠释了一个育人的通俗的哲理，那就是"不能让猪去唱歌，让兔子学游泳"。要成功的育人，小兔子就应跑步，小鸭子就该游泳，小松鼠就得爬树。如果非要每一个动物全面发展，那么只能换来他们全面的平庸。说这则寓言和就业求职有什么关系呢？

大学生求职也应该是多元化的、个性化的，而没有一种通用或全面的求职方式、手段来指引大学生就业求职。因为每个大学生自身的情况是不一样的，应该结合个人情况来做好求职前的准备，而不应该人云亦云。没有最好的求职路线，只有最佳的最适合自己的求职路线，这也是我们在人生的每个阶段都应该明确的观念。

大学生在落实工作的过程中也是分析自我定位职业的过程，所以明确地分析和了解自我、确定要发展的职业也就成为了大学生求职时必须要考虑的两个因素了。本文给大学生以下五个步骤，期望毕业生们可以充分利用这段时间给自己和职业都做个分析和定位，以便在求职中更加有针对性地努力和尝试。在职业发展上有句话是“只有当你越明确自己想要什么时，你才会更快更容易地得到什么！”

▶确定核心能力

确定核心能力就是在盘点自己中确定自己的特长、专长，以明确自己的核心竞争力，好确定具体的求职方向。

第一步，先分析一下自己都做过、参与过什么校园活动，按照年级的时间顺序罗列出来，然后再按照能力来分类。如你曾拉过四次赞助，那就可以将之归为营销能力和公关能力、沟能力。如此分类，最多的前三位就是你以往的核心能力。

第二步，你要分析自己喜欢什么，当你不能脱口而出时就证明你不曾有执著的爱好和兴趣，那你可以观察身边的人和事，尤其可以通过去图书馆浏览图书，在浏览图书中你就会发现你对哪类哪种书最感兴趣了。还有就是通过浏览互联网，网络上的海量资讯和具体的圈子可以进一步验证你对哪方面感兴趣。这样你可以确定三类自己比较感冒的事情。

第三步，确定你毕业后想做什么，你的一生要做什么，这个分析可以让你从人生的长线上来思考你的职业生涯，看看你的榜样是谁？你未来要成为像谁一样的人？

第四步，就是评估你现在的机会有哪些？环境支持你做的有什么？

总之，整合这四步你就发现大概要做什么工作了，当然如果你舍得投入还可以去职业顾问机构去做专业的职业测评和职业咨询，还可以利用假期去进行实际的职业访谈，在和职场中人的交流中进一步明确自己的求职方向。

▶确定一个行业

求职最重要的是定向，主要表现为你能确定要往哪个行业发展，要做哪类职位。大学生在求职前可以先概览一下几大招聘网站(前程无忧、智联招聘、中华英才)或人力资源网站(中国人力资源网)上的行业分类,或者你在查看信息时可以以行业分类为索引来确定查看信息的顺序,重点在于浏览的企业和职位中确定三个目标行业。

当你初步确定行业后,下一步就是通过理论和实证来进一步验证自己的选择了。理论上验证还是通过互联网,你可以在网上搜索这个行业的相关信息,重点观看这个行业的发展前景、工作内容等,尤其要注意刚从这个行业走出来的人的看法和建议。从网上的行业圈子和目前较为流行的博客,还有天涯等比较流行的论坛中你可以看到原生态的素描。将之按照你自己喜欢的脉络整理出来就可以给你建议了,还有这个探索的过程也是结识人脉的过程。

最重要的就是实际的行业访谈,这是你直接和当事人的接触和交流,你可以把你的疑问和困惑直接和他交流,至于怎么找他们的联系方式,当你在网上大规模浏览行业信息时就已经掌握了一个庞大的职业人库了。

►确定几个企业

当你经过行业验证后确定第一目标行业时,接下来你就可以确定企业了。其实在浏览行业中你已经接触了大量的企业,只不过那时的着眼点不是企业,所以很大程度会让你忽略,没关系,现在你可以在人才网站上,再次以行业为搜索,这时你会看到很多企业的招聘信息,你要做的就是原文不动地以企业为分类标准复制下来,最后把这个行业的大概企业列个表,在查看企业的招聘信息中就会对企业有所选择和放弃,尤其要看企业简介。下一步你就是逐个上每个企业的网站以及搜索每个企业的第三方信息,在整合信息的过程中你会逐步淘汰很多企业,最终留下来几个企业,就是目标求职企业。

▶确定一类职位

确定企业是求职定位的第一步，第二步是定岗。你在进一步整理了解企业信息中，要着重注意企业的组织机构设置，在查看企业机构中就可以结合个人情况确定一类职位，如人力资源、销售、技术等，这个职位的确定进一步结合个人的能力和意愿来选择，所以是更个性化的。当你确定目标职位后，就要查看这个部门所设置的各个岗位，结合当前的企业招聘信息确定一个适合自己的入门岗位。一般来说，应届毕业生都是从基础岗位做起的。这时候对部门的访谈就提上日程了。

总之，你在确定行业、企业、职位、岗位等外在的过程中，其准确性与否都源于你对自己的核心能力的定位，就是说内在的明确决定外在的选择。

▶确定求职策略

最后一步是人职互动的过程，在分析自我和定位职业后下一步就是针对目标企业和目标岗位来制定求职策略了，这时候简历、面试等的准备都是定制的，具体的参照标准就是在确定行业、企业、职位的过程中的理论探索和实际访谈。

职业生涯每一阶段的进步都是以接受新观念学习新知识为开始的，当应届毕业生为网上求职而忙碌时，希望他们能够先停下来看看要前行的路，上路前既要知道路在脚下，也要知道路在何方。

第一份工作要做多久

Helen，大学时学的专业是自动化，大学四年学下来，越来越感到自己根本就对这个专业不感兴趣，什么供电啊，什么线路啊，什么仪器啊，她都不喜欢，更别说研究了，而且大三大四正是学专业课的时候Helen却迷上了玩网游，所以专业课自是一塌糊涂了！

到了毕业找工作的时候Helen才感觉到学工科，学自动化的女生找工作之难！本来男生就比较适合这个专业，用人单位招人更喜欢招男生，再说Helen学到的东西也不多，就难上加难了。其实学校的很多招聘会不错，感觉也好找些。但是Helen为了能在武汉找工作放弃了很多学校的机会。Helen在武汉找了一两个月，投了N份简历，面试过几次，才找到现在工作的这家公司。Helen是面试了两次才进来的。

这家公司是个私营企业，做工程的，给楼房做弱电项目的，Helen进的是研发部，听上去蛮好听的。这个部门是新成立的，一共三个人都是应届毕业生，一个总工程师带Helen和另外两个新同事，总工程师对Helen和她的同事说，他们的工作内容是要开发一套电子产品。但是Helen工作了一个半月了，做的还是上司一开始的时候交代了的要学的那些专业知识，要了解那些信息，也被安排做了一些其他的事，比如写可行性报告啊，写方案啊什么的。因为公司工程部的在做一个大工程，人手不够，所以，总工程师就把Helen和其他两位同事派过去帮忙了。所以一个多月了，Helen感觉没有接触到有关研发的内容，更让她感觉糟糕的是，她对目前做的事一点兴趣也没有！而且想到以后还要在这个行业做，Helen就觉得头疼。而且更糟糕的是Helen不知道自己还能做什么，自己的兴趣在哪个地方，哪个行业适合她？转行是一定的，可是要什么时候离开这家公司呢？辞职之后又要做些什么呢？

Helen的问题实际上暴露了当代大学生的几个问题：

所学非所乐。所学的专业不是自己所喜欢的,所以,就对本专业不敏感。这个是报专业及了解专业描述的问题,但这已经是过去时的问题,已经无法改变了,所以,在这里我们不讨论。

所做非所乐。虽然 Helen 在毕业之前找到了工作,而且是与本专业比较对口的工作,但因为 Helen 对本专业都不感兴趣,所以,对目前所做的工作也不会太感兴趣。这个是如何找第一份工作的问题和明确好工作标准的问题,而这个也已经是过去时问题,这里也不讨论。

不了解自己。不知道自己想做什么,能做什么,喜欢做什么,适合什么等自我方面的问题,这个是导致 Helen 目前困境的根本问题,也是制约她日后发展的关键问题,这是我们分析中要涉及的问题。

第一份工作要做多久。这个是 Helen 目前所遇到的具体问题,是我们重点要阐述的问题,而这个属于寻找职业定位和转行的问题。

为什么要说前三个问题呢?虽然这不是我们本次讨论的主要问题,但这却是导致 Helen 目前困境的关键影响因素,是根本的问题,Helen 目前所面临的问题是早在上大学选专业时就遇到的问题,只是那时没有意识要解决也没有得到解决而已。所以,在 Helen 工作不久的现在问题爆发凸显了出来。我们要让读者明确的是,你在职场上所遇到的任何问题都不是你现在才碰到的问题,而是你早在几年前就埋下的隐患。

第一份工作要做多久?这里首先要明确的是我们要在第一份工作中得到什么?第二才是什么时候是脱离第一份工作的良好时机?还有由此而引带的第三个问题,如何找下一份工作?

第一个问题:我们要从第一份工作中得到什么?

其实,第一份工作最重要的作用就是找方向。我们在理论的抉择中和现实的接受中选择了第一份工作,所以,第一份工作这时有两个作用:一是检验自己理论上所做的职业选择。二是在实际的工作探索自己可能适合的职业方向。我们要在这两个作用中判定自己可能适合发展的职业方向。

如果你在工作中发现和自己理论上的判断是一致的，其工作的实际内容是自己喜欢的和能够胜任的，那这就是你适合的职业方向，你要做的就是在工作中进一步学习，补充自己的不足，以谋求在工作上的更大发展。在实际工作中，这份工作不是你所想象的那样，在操作中你发现不是你所喜欢的，那就证明这不是所适合发展的职业方向，那此时我们要在工作中注意总结自己和发现自己。如在工作中你发现你最喜欢的是与数字和机械打交道，那这个就是你的一类兴趣，那在日后辞职找下一份工作时就是重要的参考因素，我们要从职场的不适合找到可能适合的，这样我们在工作之外才会有收获。

第一份工作对你的日后发展还有什么意义呢？这就表现在了解职场规则，增加职业经验，明确自我认识上。

了解职场上各种显规则和潜规则。学习处理办公室人际关系的技巧，如何赞美同事，如何向领导汇报工作，如何与女同事、讨厌的同事相处，了解职场加薪规则。总之，你不行的，你不懂的社会规则，你都要注意在第一份工作中学，这也是制约你日后职业发展的重要因素，是你一辈子都要学习的。所以，这些是你必须要注意学的，学的目的不是让自己变得更奸诈，而是可以让自己更自由地在职场里发展。所以，只有你比奸人更“奸诈”，你才不会因此而被伤害，你才可以按照自己的本性与愿望去发展和行事。

增加职业经验。说的是在第一份工作中学习增长职业知识，提升职业能力，发展职业技能，培养职业道德，树立职业榜样等发展的因素。了解职场规则只是为了更好地适应职场不被伤害，而增加职业经验却是提升发展自己的必修课，没有这些硬件你没有什么大的发展，是不会攀登到职场顶峰享受到高峰体验的。所以，要想有发展，还得靠实力。你要在第一份工作中学习处理工作的方式方法，汇报工作的技巧，如何适应工作方式和企业文化，如何向优秀的同事学习，如何向业内一流的人物看齐，如何最大化的提升自己的工作能力，如何收集整理分析职业信息等，这些才是让你取得成功的关键因素，无论你的第一份工作是否是你喜欢的,你都要有意识地要求自己去学习这些。毕竟,成长是自己的事。

明确自我认识。说的是在第一份工作中你要有意识地发现自己,分析自己,总结自己。为什么要明确自己呢？因为是你在做工作,工作本身会影响你的发挥和发展,会制约你是否喜欢;而另一个因素,就是发现你自身喜欢什么工作,适合做什么工作,可以做什么工作。工作上的任何不喜欢,首先都是你主观上的不喜欢。所以,我们要在第一份工作中,最大化地分析自己的性格,发现自己的兴趣,明确自己的价值观,澄清自己的理想……当你可以最大化地了解自己时,你就会发现自己适合发展的职业方向,有了方向你就达到你所希望的职业目标,最终你就找到属于自己的工作世界,而在这个世界中你会拥有最大的快乐和最大的满足感与成就感,但这些统统都要归因于你找到了自己:你知道了你是谁？你要成为谁？

每个人的第一份工作都会是因为不同的选择而确定的,所以,当你给第一份工作定义性质时,就已经确定了你日后在第一份工作上的收获和离开第一份工作的期限。

第二个问题:什么时候是脱离第一份工作的良好时机？

脱离源于成长,成长就要突破,所以我们要脱离。当你满足以下条件之一,就可以脱离第一份工作,而去寻找下一份工作！

当你发现不是自己所喜欢所适合的方向时。方向不对头,汗水全白流。因为第一份工作就是为了找方向,如果能找到,那你在岗位上持续地做;如果你没有找到,那你就在总结经验后再去寻找方向。这样做的机会成本最小,不会在不适合的工作上空耗时间,浪费精力。Ben 做了一个月的销售,发现自己根本就不适合做这行,所以到一个月后 Ben 果断地辞职了,而去尝试了一份课程顾问的工作。

当你发现不是自己所适合的方向,并找到自己有可能适合的方向时。第一份工作你已经彻底发现不是你所适合的方向,当你在第一份工作中总结发现了自己可能适合的方向时,你就应该去尝试下一个工作了。Robin 在做了两个月的经理助理后，发现自己不适合与人打交道，对创意、策划倒是很有想法。所以，辞职后，Robin 就应聘到了广告公司做文案，Robin 希望从文案做起，逐步做创意工作。

你没有发现自己可能适合的工作方向，但你把第一份工作中的能力、知识等因素都完全掌握时。当你把第一份工作做到位后，你会第一份工作中学到许多，虽然你可以胜任这份工作，但这不是你喜欢的工作，所以，你也要尽早脱离。Lily 做了 4 个月的售楼员，她得了三次的公司的销售冠军，从中她学到了与人沟通、电话销售等许多知识，但 Lily 知道做售楼员不是她的兴趣，所以，她在学到很多东西后就辞去了工作。

仔细衡量自己的情况，给自己一个阶段性的总结，并在分析后给自己一个明确的执行期限。判定走的时机是需要一番分析的，但最重要的是，当你要决定走时千万不要犹犹豫豫，这样的不果断会增大你的机会成本。请记住：在职场的任何行动，要么是不做，要做就早做。

第三个问题：辞去第一份工作后，如何去下一份工作？如果第一份工作对你来说是个失利，那么，同样的错误在寻找第二份工作时就不要再犯了。系统地来说，在辞去第一份工作寻找第二份工作时，你要注意以下因素：

所学与所做，专业与工作的连续性。自己在大学里所学的专业就是一笔知识投资，知识投资失败的余地很小，只要我们可以变换着用，所学的专业一定会对工作有帮助的。保持专业与工作的连续性会给自己带来更大的发展，无论你的专业是不是你所喜欢的，但你可以用专业的思维、方法和术语等来支持现在所做的工作的。如你学的是广告学，但你做的却是记者，那你广告学中的市场细分，广告诉求，广告创意等知识方法不都是可以帮助你的工作吗？利用所学帮助所做，主要是有利用的思维意识和横向的思维方式，知识都是通的，名不同但理同，就看你怎么发散思维了。

所做与所乐，工作与兴趣的趋同性。在第一份工作中你会在一定程度上发现自己的兴趣是什么，再加上你自己的总结，你会有个大致的兴趣倾向。这时，你在找第二份工作时，一定要结合你所总结的这份兴趣，虽然你的总结可能不准，但这的确是你在实际检验中所发现的，你不要抛弃你先前的经验，否则你先前的努力不是白费了吗？你要尽量找和你总结的兴趣趋同的工作，这样，你才会在第二份工作中有快乐可言，才会有进一步接近自己所适合发展方向的可能。如你在第一份工作发现自己对与人打交道感兴趣，那你找工作的范围就不应该有财务分析、化验员、统计员等非与人打交道的工作，而是在销售、服务、公关、管理等领域寻求发展。

所做与所能，能力对工作的胜任性。在第一份工作中你一定发现自己对什么工作顺手，你能做什么工作，你最擅长做什么工作，这些都是你可以胜任的方面，是你的能力所在，所以，在找第二份工作时一定要考虑这个因素。如果你的所能是你找的第二份工作的能力因素，那你就会很快地胜任这份工作，并得到更好的发展，否则就会发生你找到的第二份工作虽然是你喜欢的，但你却做不了，无奈之下不是有自知之明辞职，就是老板把你裁掉。如你在第一份工作中发现你的协调能力很强，那你在找第二份工作时就要找要求协调能力很强的工作：客服，调度，管理等方面的工作。

所做与所愿，工作与理想的一致性。经过了第一份工作的洗礼，你会有自己的想法和期望，想做什么工作的期望已经会占据你的心头，所以，这时要考虑的是，你要找的第二份工作可以对你的目标会有多大的支持。在找第二份工作时你要明确的是你找的工作并不仅仅是安身立命的一个饭碗，而是实现你人生理想，职业目标的一个步骤。所以，你要站在理想的高度去审视你的第二份工作。如你的职业目标是成为人力资源总监，那做的第二份工作就要是与人力资源相关的工作，如招聘专员，培训专员等人力资源系统内的工作，而不是做着不相干的销售或者技术工作。

总之，第一份工作是大学生职场试水的第一个动作，在第一份工作中得到的收获或者影响会至少伴随大学生日后三年的工作，所以对职场、职业的第一印象尤其重要。那么，无论你的第一份工作是否是你喜欢的工作，你都要尽量从中学些好的积极的东西，最重要是保持着对职业、职场的积极心态，有了积极心态和你的积极努力，相信你会在职场上取得节节高的收获的。

当人们问球王贝利哪个球是他最好的射门时，球王贝利的回答是"下一个！"如果问你，哪个工作才是你最适合的工作时，你会怎么回答呢？你会说是下一个吗？无论你是抱着什么态度回答的，无论你是怎么回答的，在行文的最后，我都要给你一句忠告，那就是，在职场上的任何一份工作，当你没有能力做得足够好时，你是没有资格说不喜欢的！至于怎么理解，就看你个人了。

职场新鲜人的五重工作境界

Robin 已经工作一年了，在财经类媒体负责杂志活动和推广，职位是大客户经理。Robin 的核心工作是征订杂志，增大发行量。他在工作中遇到的问题是杂志征订量太少，影响个人收入，个人很难过上所期望的生活，Robin 每个月还要给家里邮寄点钱，所以家庭和生活给了他双重压力。Robin 的理想是做与大学生相关的工作。

Robin 是 9 月份进入这家单位，刚开始的时候他制定了一个详细的营销方案，当时他满怀信心，但当他将方案提交给领导后，领导满口答应，说一定要尽力配合，但鉴于报社的工作程序复杂，此计划并没有得到按期有效的实际执行，更多的还是和客户口头交流没有明确的书面文件。在 Robin 的个人休息时间里，他又干了一些兼职工作，而兼职工作的效益还是不错的，这更加剧了 Robin 的心理矛盾，他之所以来到此，只是想把这家报社当做发展的一个平台，利用这个平台可以做一些自己的事情，比如写东西，结交人脉，为日后发展做铺垫。在 Robin 工作的第二个月里，他改变策略，变被动为主动。因为 Robin 知道报社流程慢，能自己做主就自己做主，尽量少和报社官方发生联系，但征订工作仍没有什么起色，Robin 仍拿着很低的底薪生活。家庭，生活，追求，下一份工作要何去何从，Robin 难以抉择。

▶Robin 的工作境界

Robin 是一个工作刚一年的职场新鲜人，初入职场的头三年是所有职场新鲜人所要挣扎和面对的，Robin 的困境也是所有职场新鲜人未来要经历的工作状态。Robin 在这份工作上的心态，完整的验证了大学生从毕业就业之初到转换工作的完整工作状态。一般来讲，刚工作的大学生对待工作，尤其是第一份工作，会依照以下工作状态来轮换转变。

第一重工作境界：积极主动，豪情万丈。

Robin 刚开始新工作时，对新工作有着足够的新鲜感，一方面是因为 Robin 对职场不甚了解，另一方面有着年轻人的初生牛犊不怕虎的精神，敢想敢拼，想在此表现自我，施展才华，提升能力，并得到领导和公司的认可。处于第一重工作境界的人在工作的最初 1—3 个月内，他们都会很积极地表现自我，很主动地承担工作，胸怀对工作的大志，积极地对工作作出一番筹划，希望在短期内取得非凡成绩，所以这时候加班加点就成为工作常态。在工作中他们往往会主动请缨，虚心请教，同时也会对公司的制度体制大提建议和意见。但这种情况一般都维持不了三个月，因为每个公司都有问题，尤其是大公司，工作流程复杂，机制僵硬死板，很小的文件要经过很多人的签字，但当签完这个字的时候，这个文件本身已经没有什么意义了。Robin 的第一个月工作就是这个工作状态——第一重工作境界。

第二重工作境界：消极懈怠，满腹牢骚。

当 Robin 表现出对公司制度不满，工作上应付了事，也不主动加班时，像 Robin 这样的职场新鲜人就会随之转到第二个工作境界：消极懈怠，满腹牢骚。由豪情万丈跌入工作深谷，此时的 Robin 心态消极，思想偏激，由对工作的万分热忱转为对工作的万分抱怨，Robin 对工作对同事对领导对公司也都是负面的看法，觉得公司体制太束缚人，上司领导说话不办事，同事之间尔虞我诈，工作就是赚钱生活，所以这时的 Robin 会准时上下班，孤立自己工作，心中对公司的全部都是不屑和嘲笑，再也不会主动工作和加班，工作任务能拖就拖，能推就推，总觉得现在干的这些工作已经足够对得起那点工资了，一天上班后就盼着下班，一个月里就发工资那天感到快乐，再也没有了激情和创新，此时就是当一天和尚撞一天钟的心态。

第三重工作境界：寻求跳槽，转换工作。

当第二重工作境界持续 1—3 个月后，职场新鲜人们就对公司彻底失去了信心，再也不想在公司里待一分钟了，此时就转入了第三重工作境界：寻求跳槽，转换工作。当 Robin 忍无可忍地在公司工作 1—3 个月后，他就累了，倦了。这样 Robin 似的职场新鲜人就期望换一个工作环境，换一份工作，他们认为新工作是会剔除原工作的一切不如意的。所以此时他们就积极登录人才网站，注意招聘信息，期待早日换工作成功。迫于生活的压力和心理的安全，他们一般不会先辞职再求职而是采取边工作边求职的策略。此时他们开始怠慢工作，开始亵渎工作，他们的工作日是这样安排的，半天是为薪水工作，半天是为找新工作。抱着一颗离开的心，他们在消极地工作着，积极转换着。在日常的亲友交往中，他们也会透露和怀抱着换工作要趁早的求职理念。

上面的三重工作境界就是一般职场新鲜人在职场中所持的打工心态，积极—消极—转换，如果这个单位不能如我愿，那我就跳槽。这个跳槽三阶段理论也是判断职场新鲜人成熟与否的一个方法。那么一个成熟的，善于思考的职场新鲜人会怎么做呢？他们会处于哪重工作境界呢，这样就有了第四重和第五重工作境界。

第四重工作境界：转变心态，主动承担。

处在第四重工作境界的人会在不如意的公司状态中积极转变自己的心态，以此来主动承担工作和困难。第四重工作境界的人明白所有公司都是不完美的，所有的公司都是有问题的，而处于同行业或同一发展阶段的企业都是有相同问题，所以无论你去哪家公司都是一样的，那莫不如在一家公司将未来要遇到的更多职场问题来做个更多的学习和适应，这样未来就可以更好地发展了。因为他们知道，逃避问题不是办法，最好的解决问题的方法就是和问题相处到底，所以他们会转变心态，主动地承担公司的工作，包括分内的和分外的，因为他们知道承担更多的工作就是在最大化地磨炼自己，给自己创造机会成长。一般来讲他会在这个公司最少待一年以上，他会在公司的消极状态中学习有用的东西，利用反面教材来提高自己。他们把苦难视为磨炼，把困境视为挑战。公司的流程不合理，他会想着怎样解决问题本身而不是去改变公司体制,他们在分析问题的过程中学东西,把处理人际关系视为学习,观察学习别人,形成自己的策略。他们会研究能力不如自己的人为什么坐在很高的位置,他会研究分析这个人,总结成功人的成功原因。

第五重工作境界:把握当下,为我所用。

其实即使到第四重工作境界的人也是一个打工者的心态来应对职业世界中的不确定。处于第四重世界的人与第五重工作世界看似一步之遥,其实两者又是一个质的转变,前者是在无奈工作环境的心态调整,而后者则是目标确定中的手段达成利用。因为处于第五重工作境界的人是强烈的自我实现的人,他们有自己的人生定位,有明确的职业发展目标,所以在他们看来,目前的工作只不过是其职业生涯发展过程中必须还要经历的一个阶段,其最终目的是为未来的职业理想做最大化的准备,所以他们会在专注分析目标中研究确定当前阶段的工作中有哪些因素会为其提供最大化的支持,然后确定手段去实现。

把握当下,为我所用是这个阶段的最大特征,公司本身的问题,工作本身的问题都不是制约其发展自己与达成目标的核心因素,在当前公司和工作中,只要将要实现的手段因素达成就是最大的收获。所以他们充分利用现有条件,择其优点与好处和自己的理想相结合,他们不会抱怨工作本身的不好,而只会找出解决问题的方法加以利用,为以后的工作做铺垫。

他们从来不用别人来监督考核自己,一般的考勤与考核对他们来说毫无意义,因为他们心中时刻有一杆秤、一把尺、一块表,他们都是高度自律自制的人,他们会严格按照目标流程来执行自己的行动,因为他们知道:他们从来都是为自己工作。"为自己工作"这就是职场人最高的工作境界。

很明显,案例中的 Robin 还没有跳出第三重工作境界,他的困惑至少会因为他的工作境界而持续三年到五年,他才会逐步转变到第四重工作境界,而他的困惑也会随着他的工作境界的提升而自动得到化解和解决。

▶给 Robin 的工作建议

结合职场新鲜人的工作境界我们给出 Robin 如下建议：

分析自我，确定职业目标

Robin 要问问自己，最想实现的是什么？自己的理想是什么？未来十年，七年，五年，三年，一年的职业目标都是什么？只有当明确了目标之后才好对目前的现状进行有针对性地分析，才会知道公司目前所具有的资源能给他提供什么帮助和支持。

评估现状，确定关键问题

Robin 当前的最大问题是什么？其实不是换工作或换什么工作的表面问题，也不是生活，家庭压力的问题，而是如何确定职业方向，定位职业目标的问题。生活压力和家庭压力确实会让很多人屈服，为了他们为薪水跳槽，放弃自己的理想，那么 Robin 自己最在乎的是什么？

调整心态，全力做好工作

Robin 不满意目前工作的原因是不喜欢，所以他才做不好，这也通常是很多职场新鲜人转换工作的一个理由。其实刚步入职场的新鲜人是没有资格说不喜欢的，这样做只会让自己失去更多的学习和成长的机会，因为无论什么工作对于职场新鲜人来说都是新的，而若你还没有完全理解和深入做透时就武断地确定自己不喜欢不适合，这是缺乏科学性的。因为在职业发展上，如果你没有把一件工作做得足够好的情况下，你是没有资格说不喜欢这份工作的。

Robin 现在要做的不是兼职赚钱，不是转换工作，而应该是加倍的努力工作，争取在转变心态中把工作做对，在积极工作中把工作做好，在突破自我中把工作做出效果来；虽然努力工作本身不会给你带来什么，但努力工作之外却会给你更多期望之外的收获。

职场新鲜人，尤其是大学生，在做第一份工作时，甚而是在工作的头三年，往往会经历工作境界的前三重，不断地不满意，不断地换工作，不断地换公司。他们在不断地变换中期待落实自己的将来，实现自己的追求，其实他们是在大量试错中完成职业定向和定位工作的。如果职场新鲜人早点了解和理解工作的五重工作境界就会加快自己的职业成熟度和职业发展，当然职场新鲜人也会因个人的理解、资历、经历的不同而走到不同层次。

大学时代，职业设计正当时；竞争机制下，必然产生三六九等；个人心态不同，工作五重境界随之转换。